iPhone X (375 x 812 pt.) (1125 x 2436 px.)

iPhone X (375 x 812 pt.) (1125 x 2436 px.)

9:41

"Let the usability test tell you what is the real insight of your user."

Apple Device Pixel and Viewport Size

iPhone	Pixel Size	Viewport
iPhone XR	828 x 1792	414 x 896
iPhone XS	1125 x 2436	375 x 812
iPhone XS Max	1242 x 2688	414 x 896
iPhone X	1125 x 2436	375 x 812
iPhone 8 Plus	1080 x 1920	414 x 736
iPhone 8	750 x 1334	375 x 667
iPhone 7 Plus	1080 x 1920	414 x 736
iPhone 7	750 x 1334	375 x 667
iPhone 6 Plus/6S Plus	1080 x 1920	414 x 736
iPhone 6/6S	750 x 1334	375 x 667
iPhone 5	640 x 1136	320 x 568

iPod	Pixel Size	Viewport
iPod Touch	640 x 1136	320 x 568

iPad	Pixel Size	Viewport
iPad Pro	2048 x 2732	1024 x 1366
iPad Third & Fourth Generation	1536 x 2048	768 x 1024
iPad Air 1 & 2	1536 x 2048	768 x 1024
iPad Mini 2 & 3	1536 x 2048	768 x 1024
iPad Mini	768 x 1024	768 x 1024

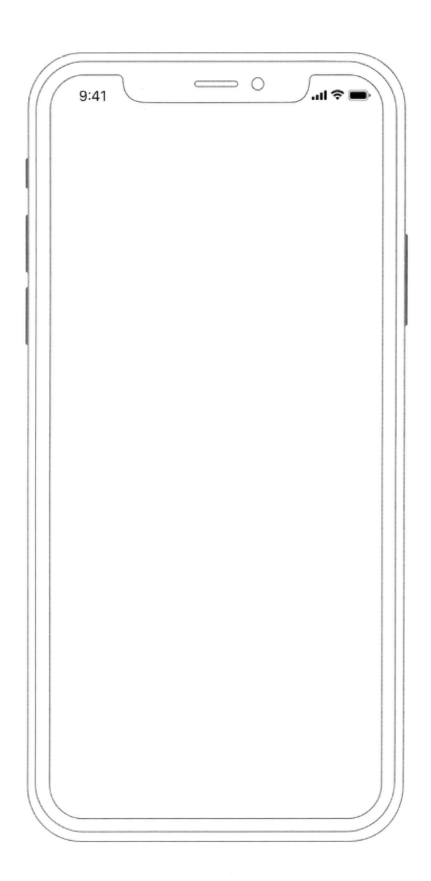

9:41

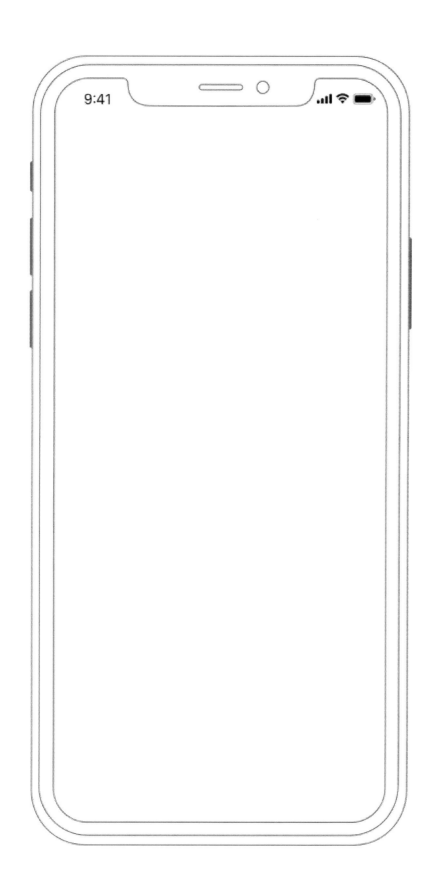

9:41

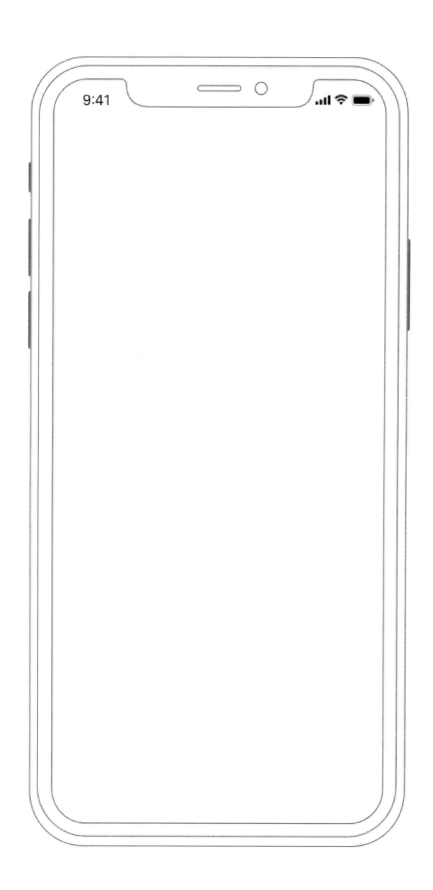

9:41

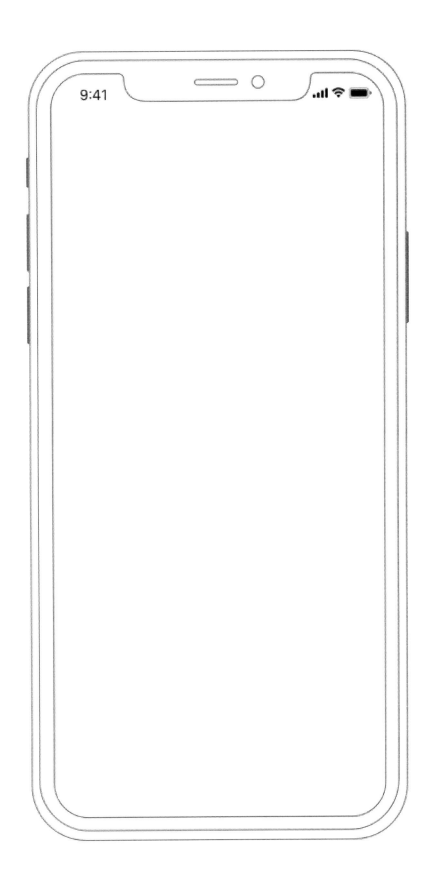

9:41

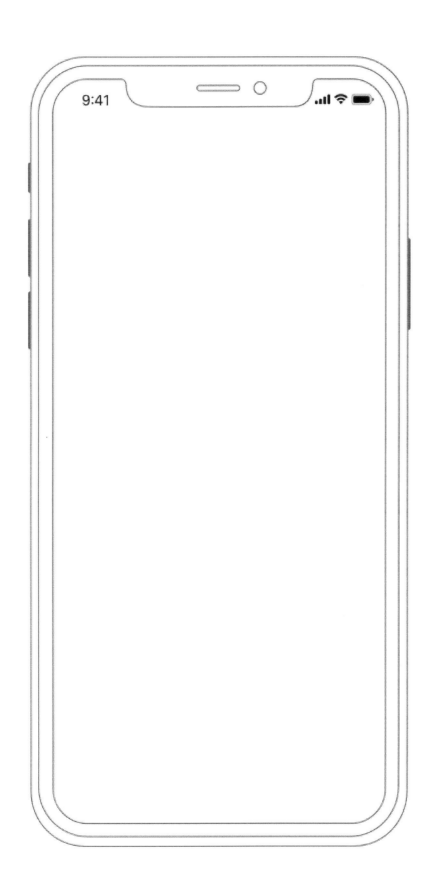

9:41

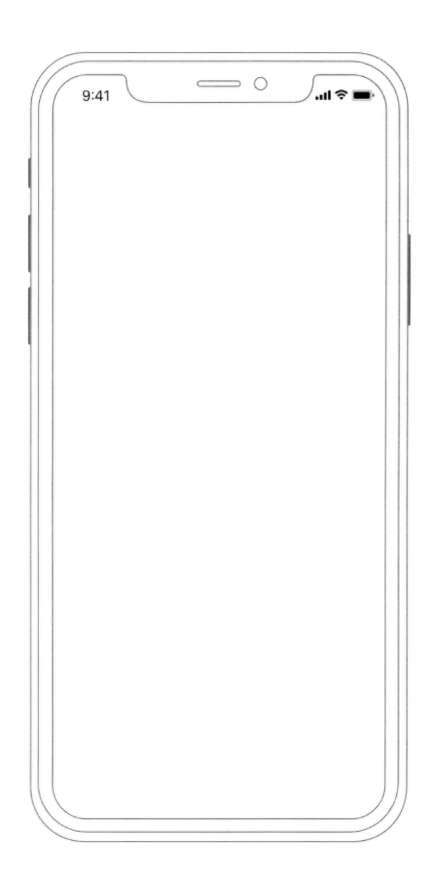

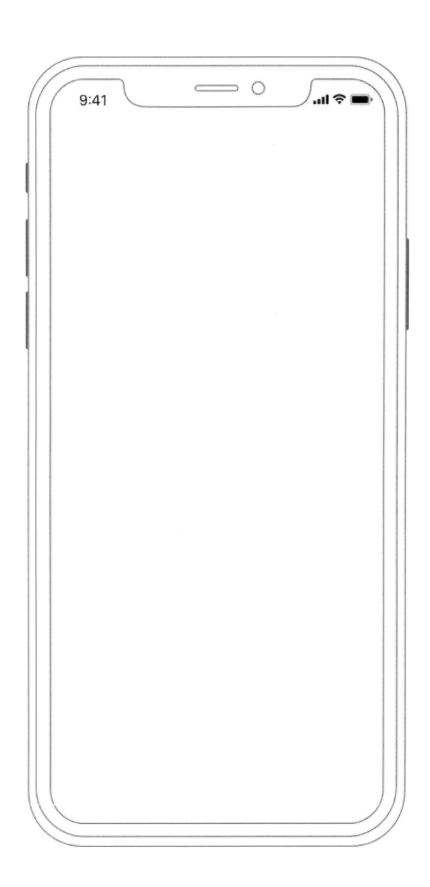

9:41

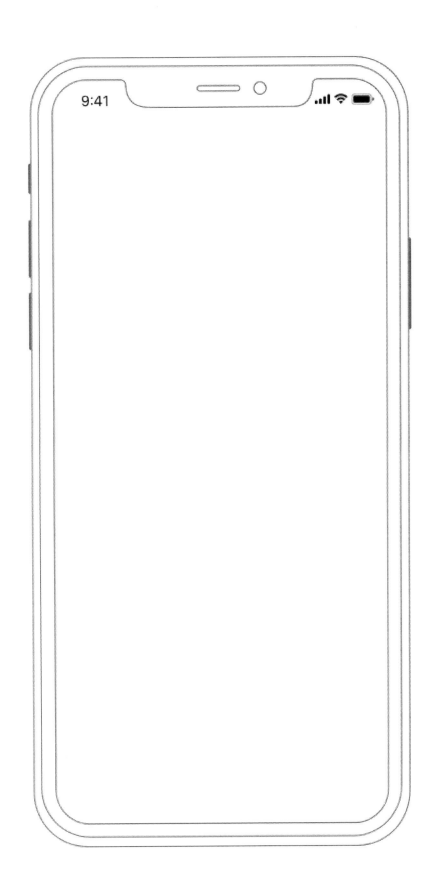

9:41

9:41

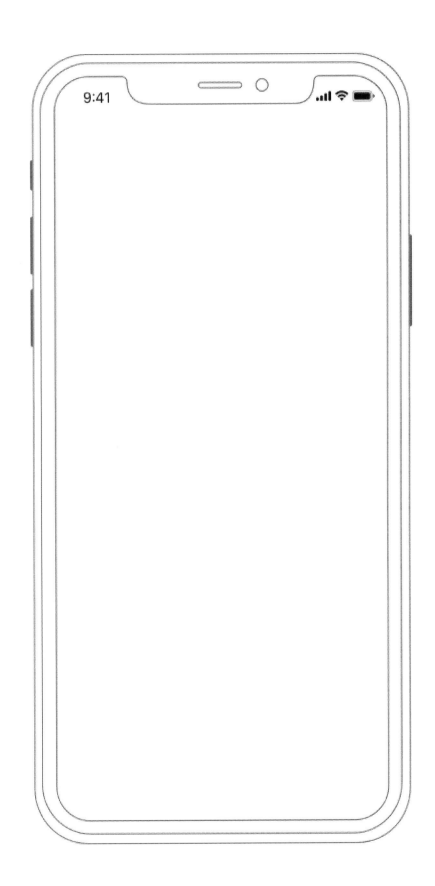

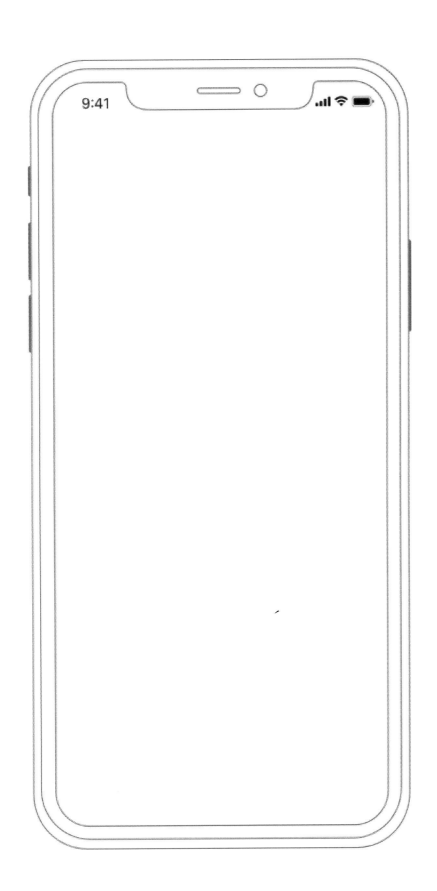

9:41

9:41

"Catch Insight from your sketch idea."

iPhone X (375 x 812 pt.) (1125 x 2436 px.)

iPhone X (375 x 812 pt.) (1125 x 2436 px.)

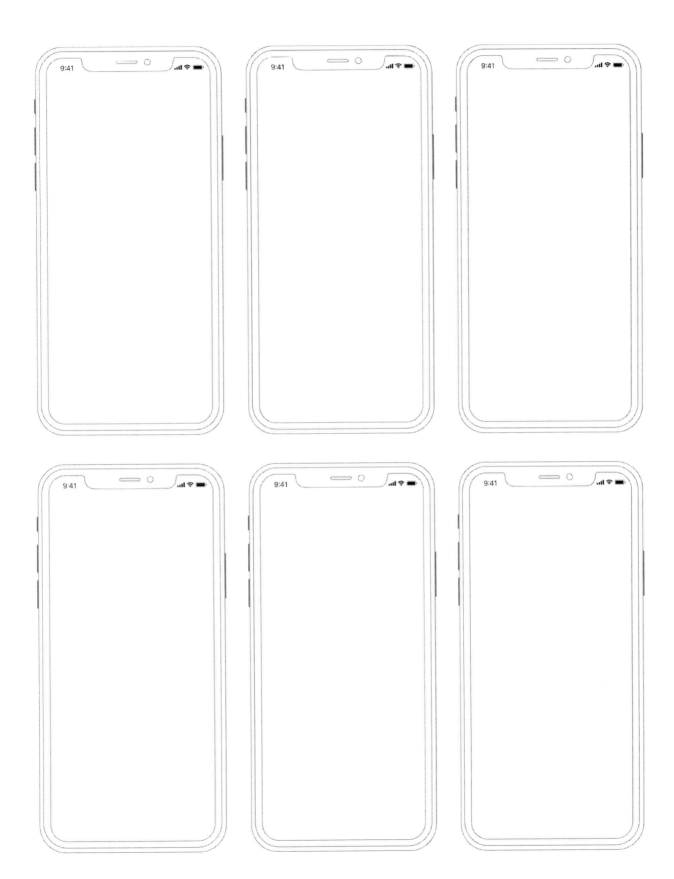

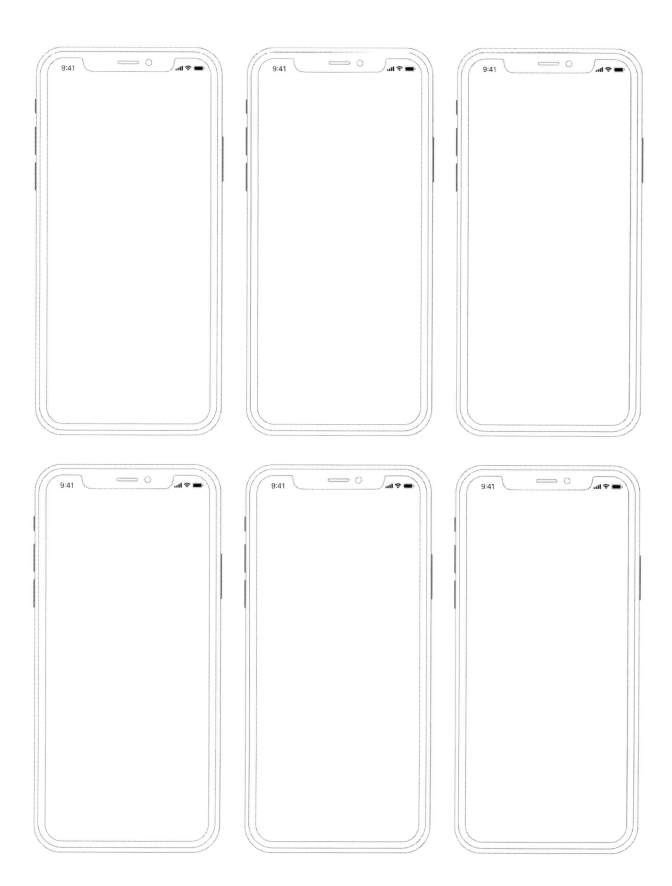

iPhone X (375 x 812 pt.) (1125 x 2436 px.)

iPhone X (375 x 812 pt.) (1125 x 2436 px.)

9:41

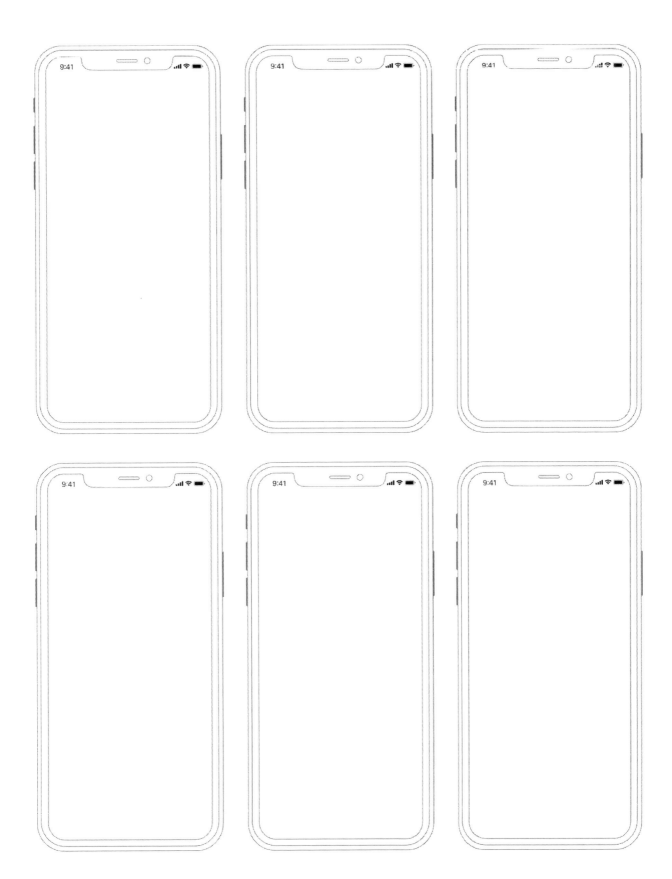

iPhone X (375 x 812 pt.) (1125 x 2436 px.)

iPhone X (375 x 812 pt.) (1125 x 2436 px.)

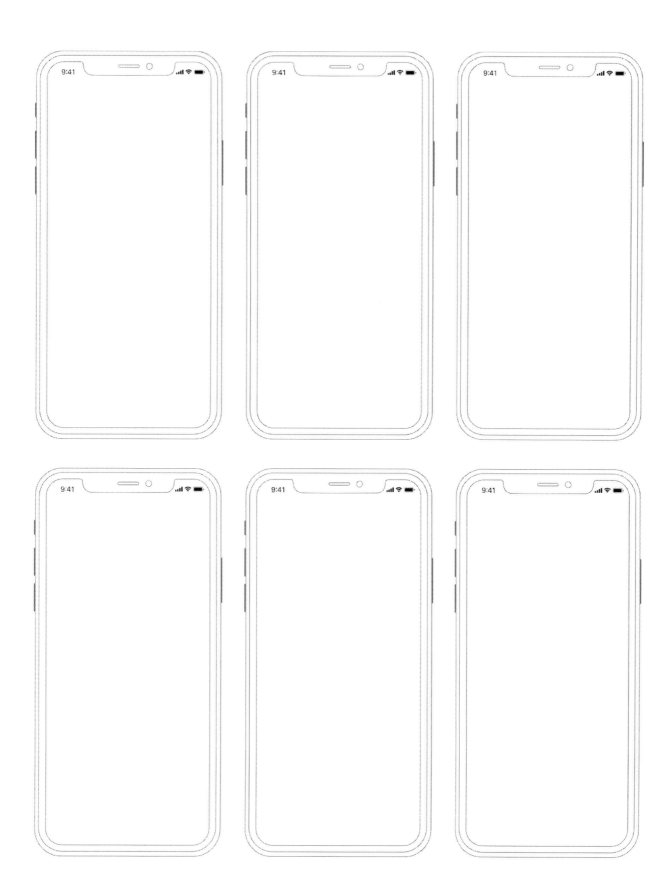

iPhone X (375 x 812 pt.) (1125 x 2436 px.)

iPhone X (375 x 812 pt.) (1125 x 2436 px.)

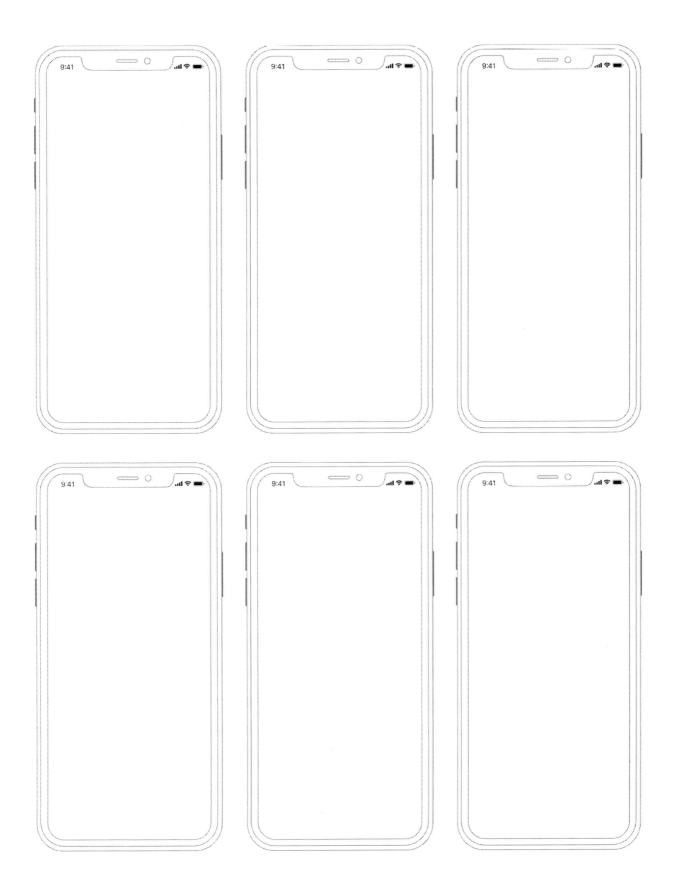

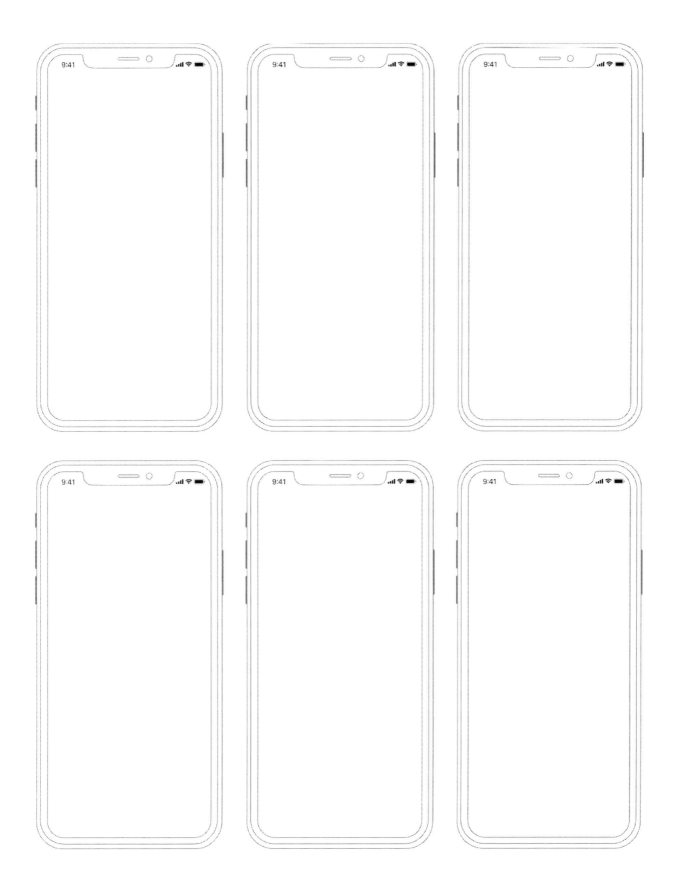

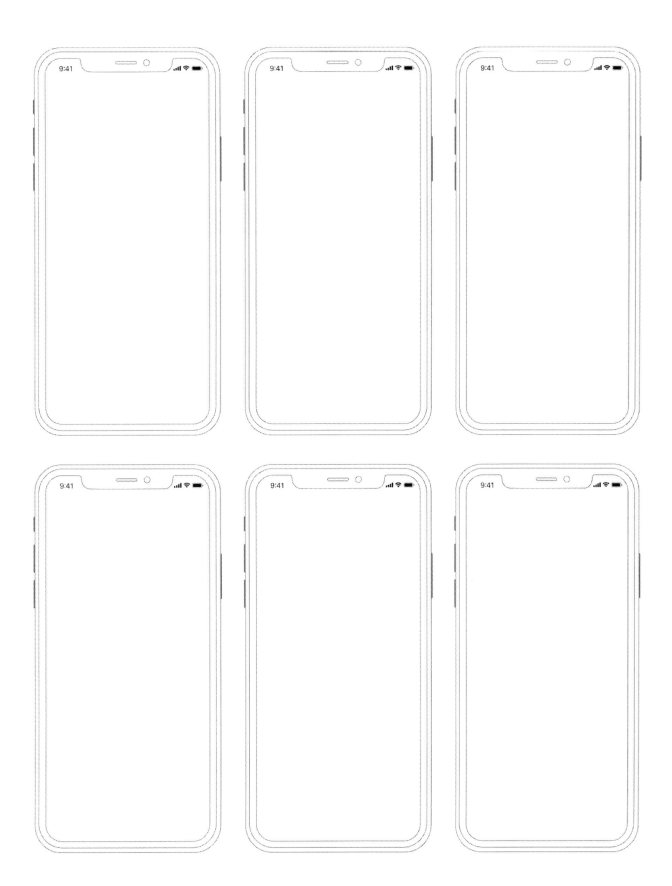

iPhone X (375 x 812 pt.) (1125 x 2436 px.)

iPhone X (375 x 812 pt.) (1125 x 2436 px.)

9:41

9:41

9:41

9:41

9:41

9:41

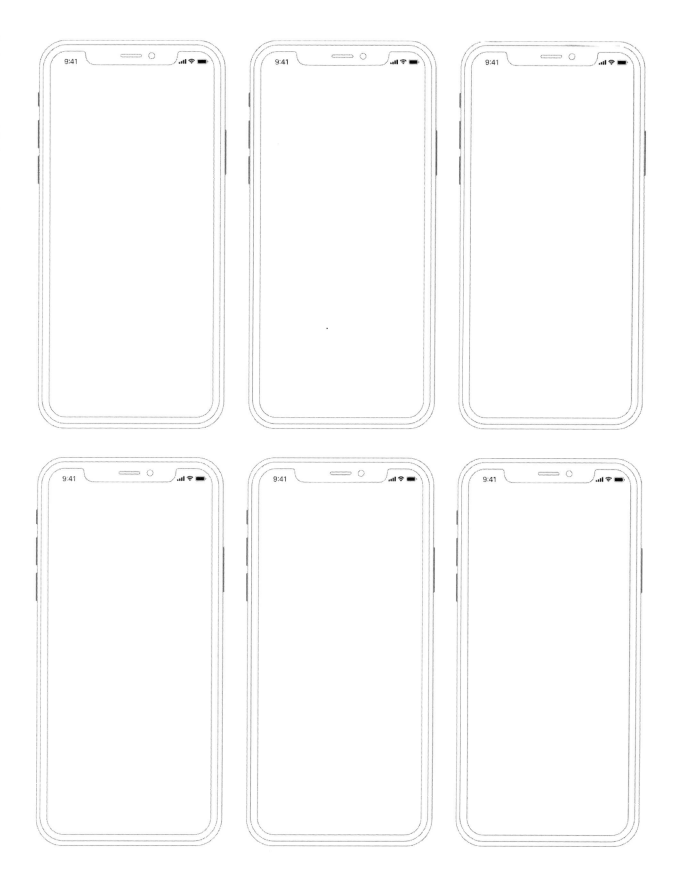

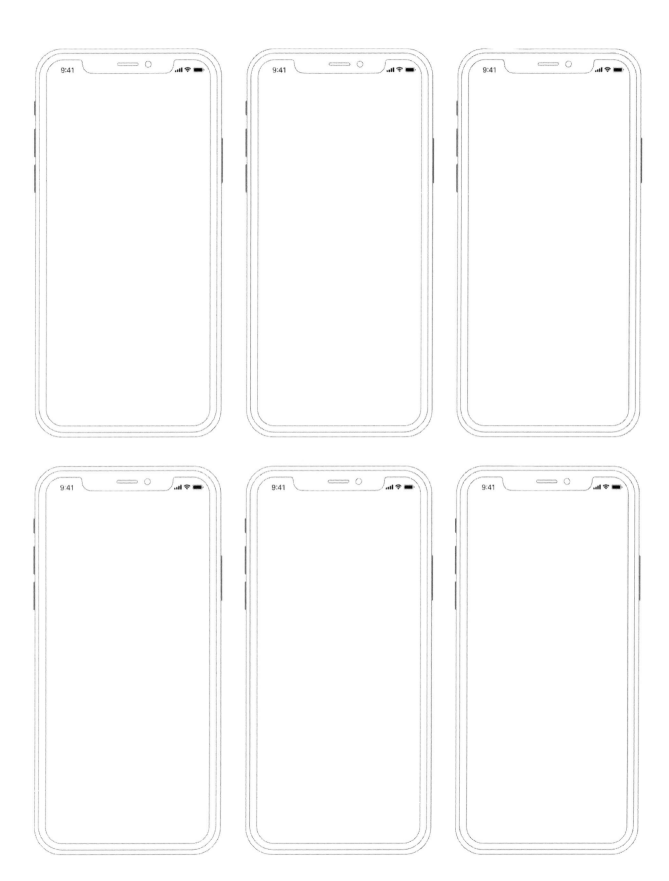

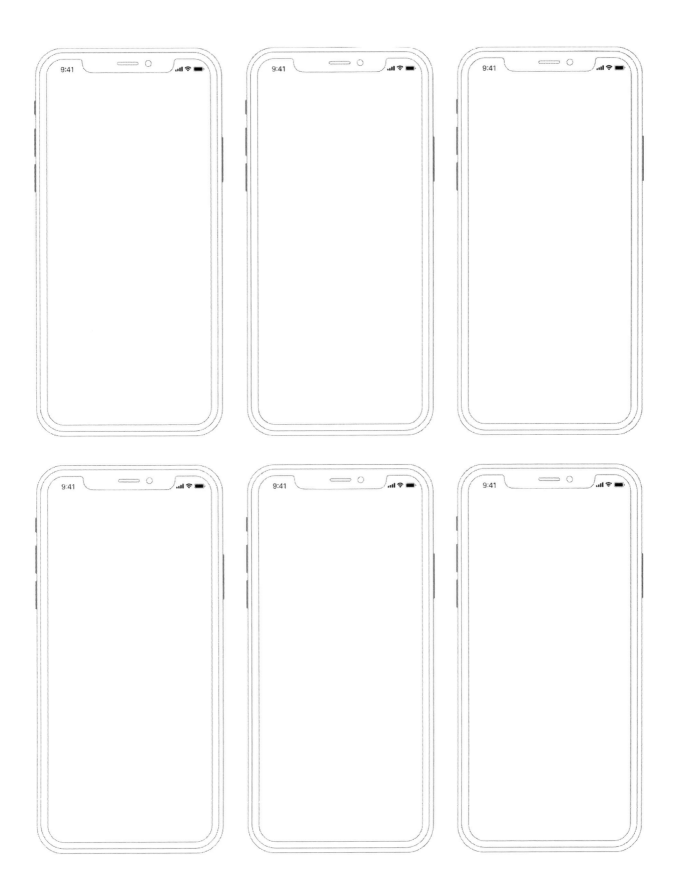

"User Experience is Look, Feel and Usability"

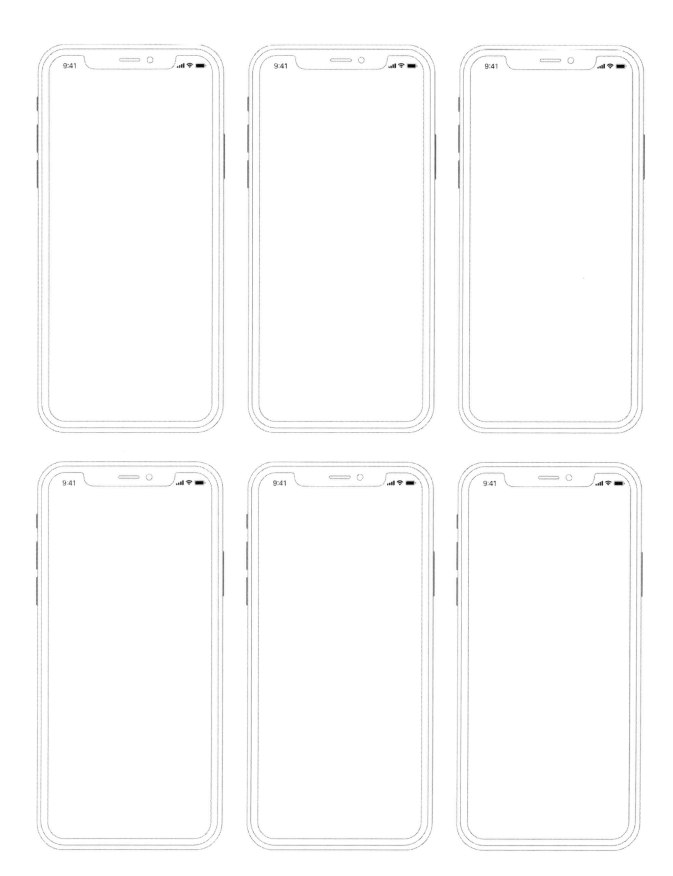

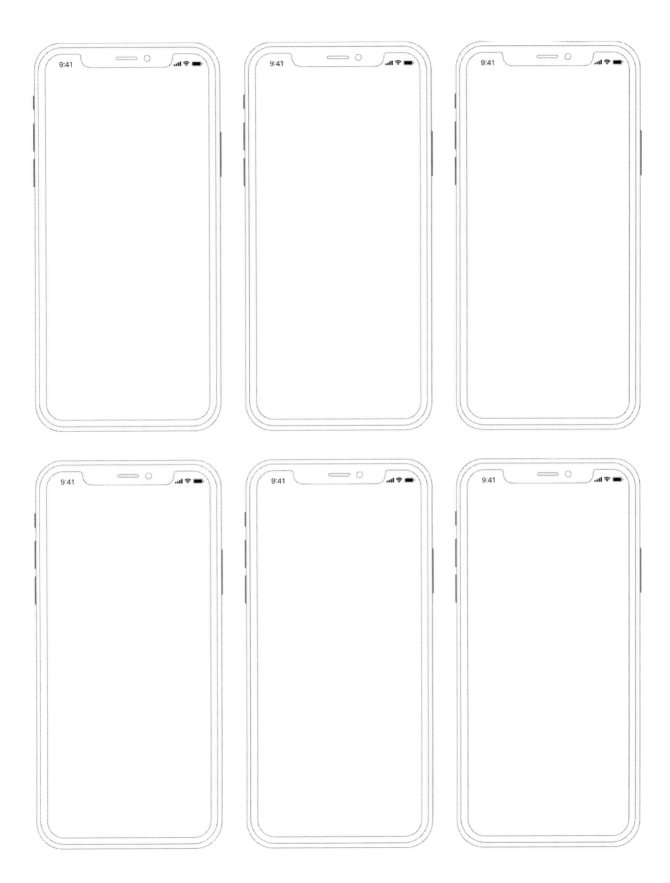

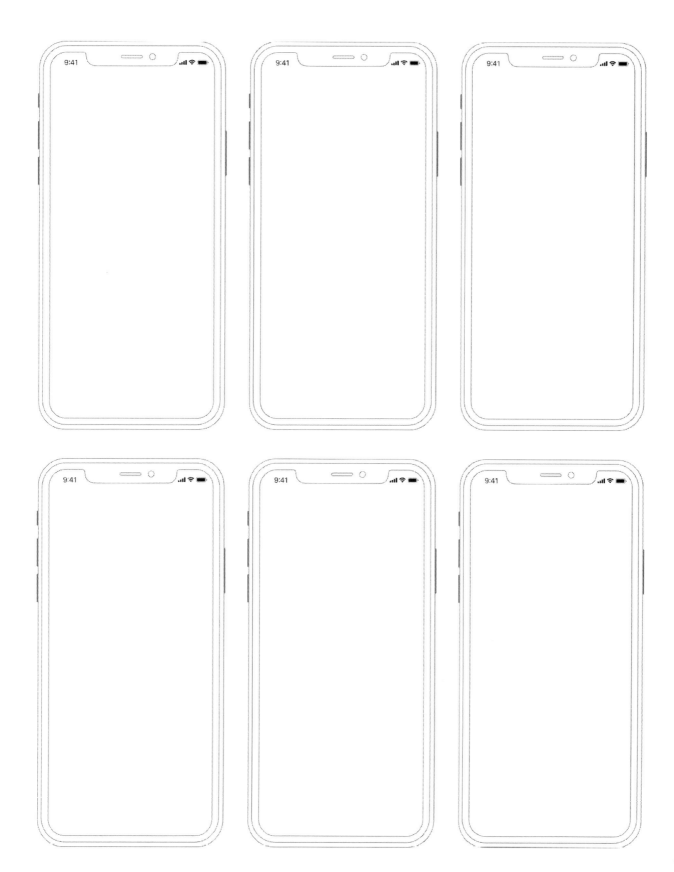

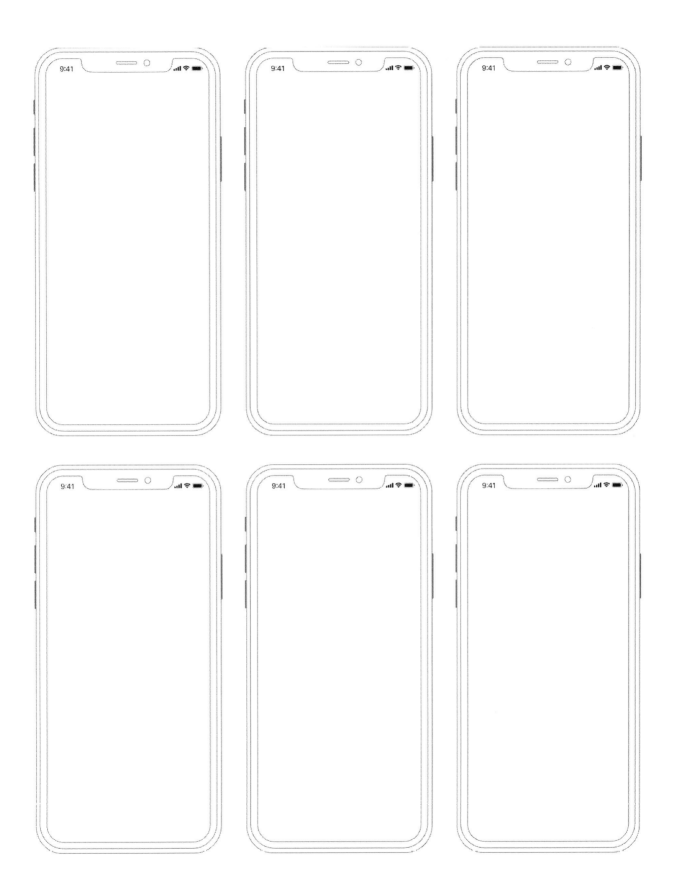

iPhone X (375 x 812 pt.) (1125 x 2436 px.)

iPhone X (375 x 812 pt.) (1125 x 2436 px.)

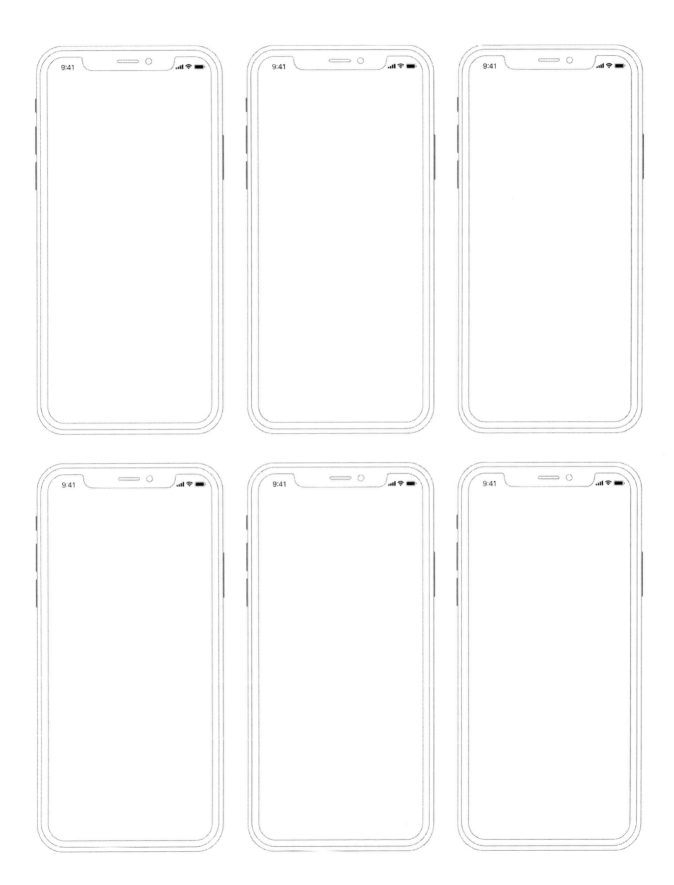

iPhone X (375 x 812 pt.) (1125 x 2436 px.)

iPhone X (375 x 812 pt.) (1125 x 2436 px.)

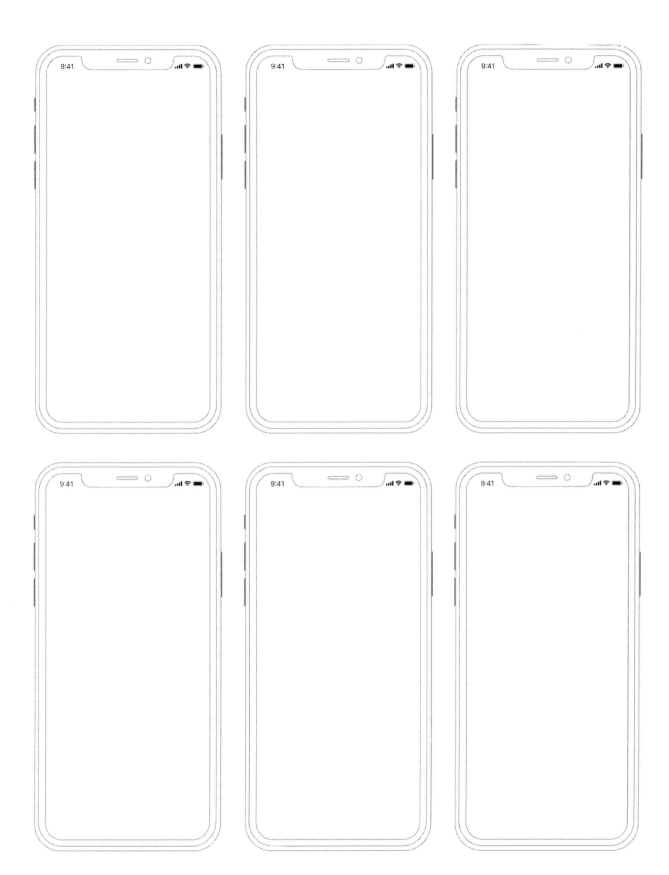

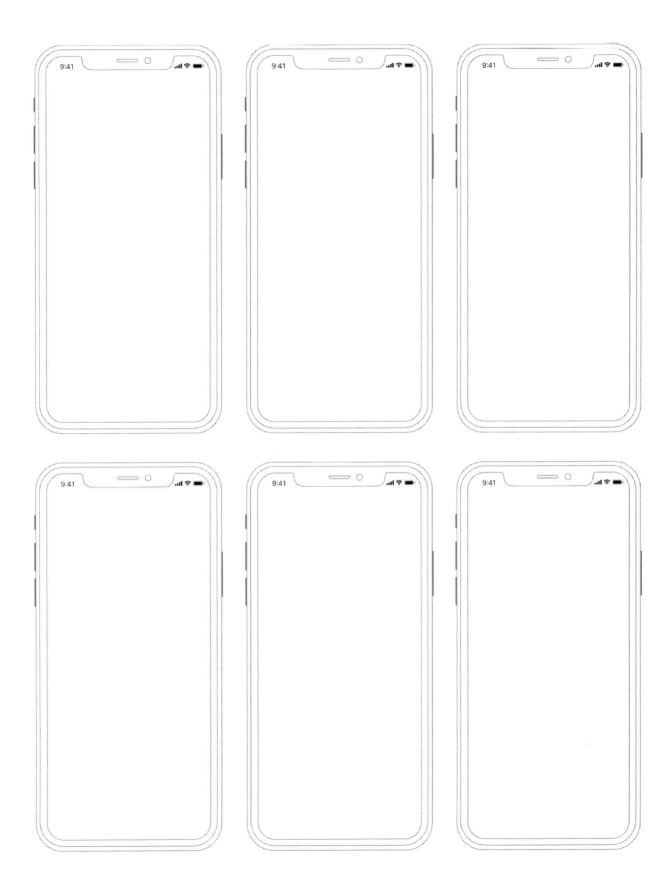

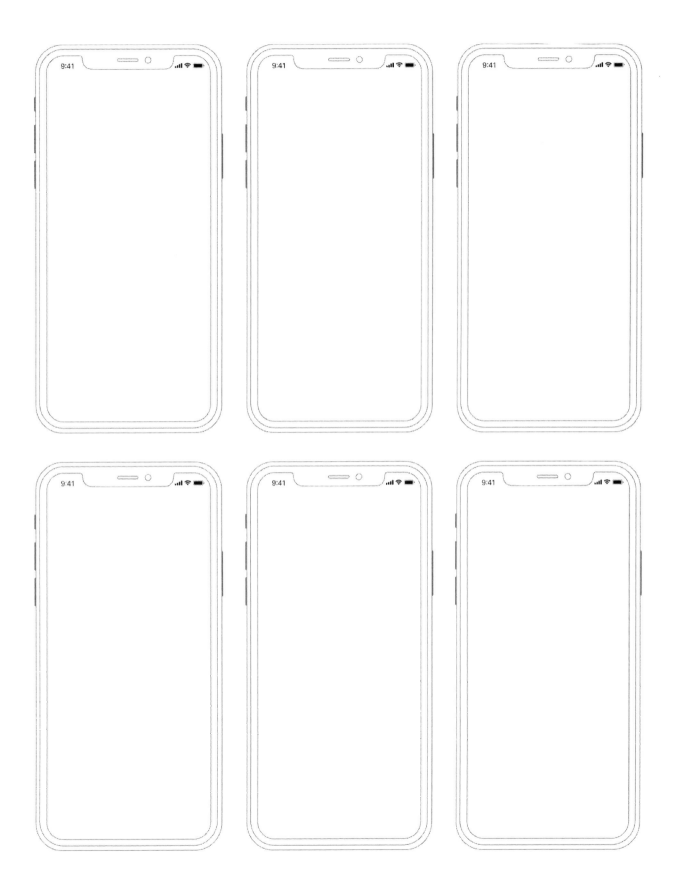

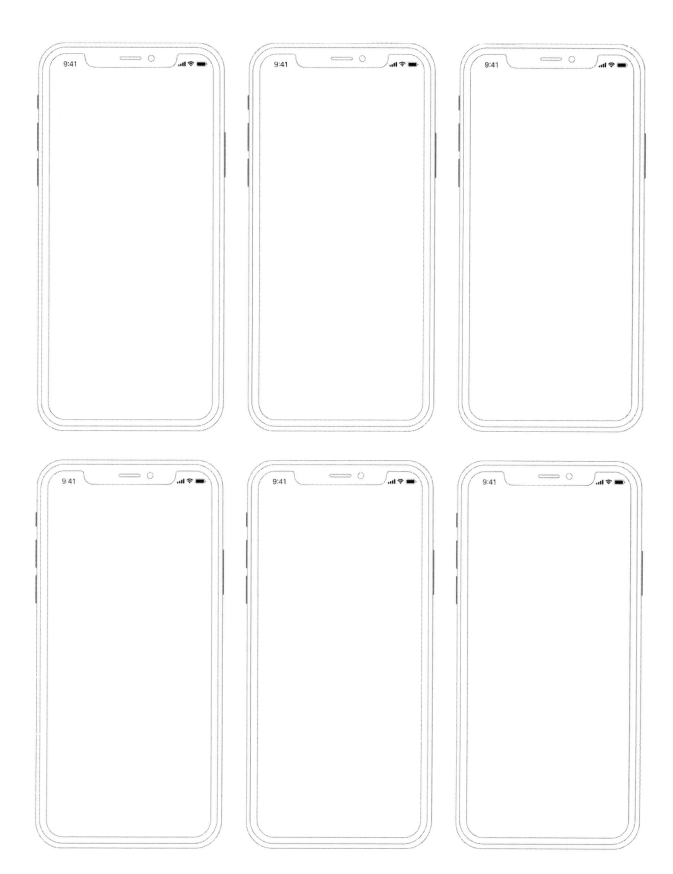

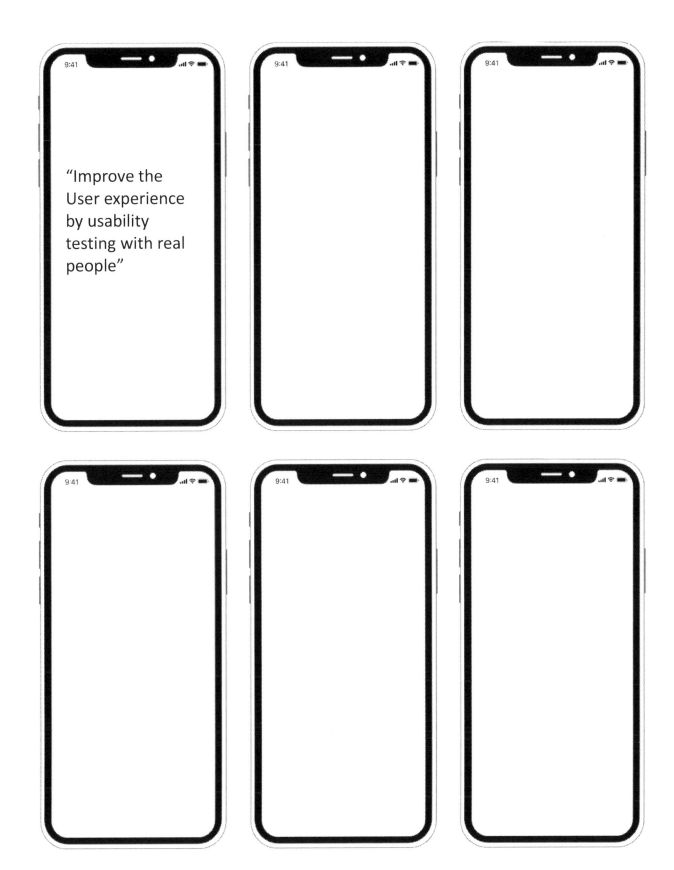

9:41

"Improve the
User experience
by usability
testing with real
people"

9:41

9:41

9:41

9:41

9:41

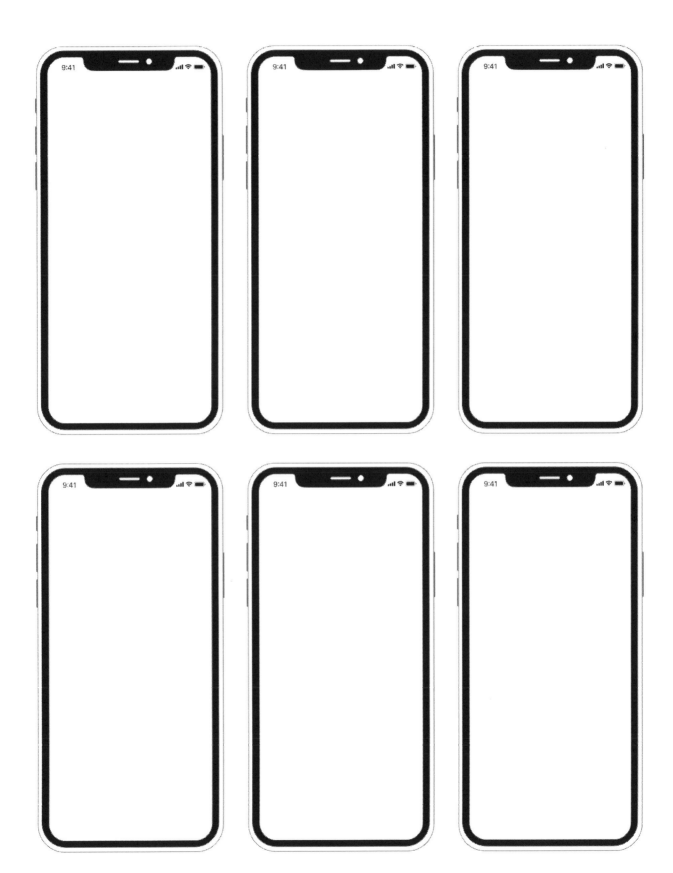

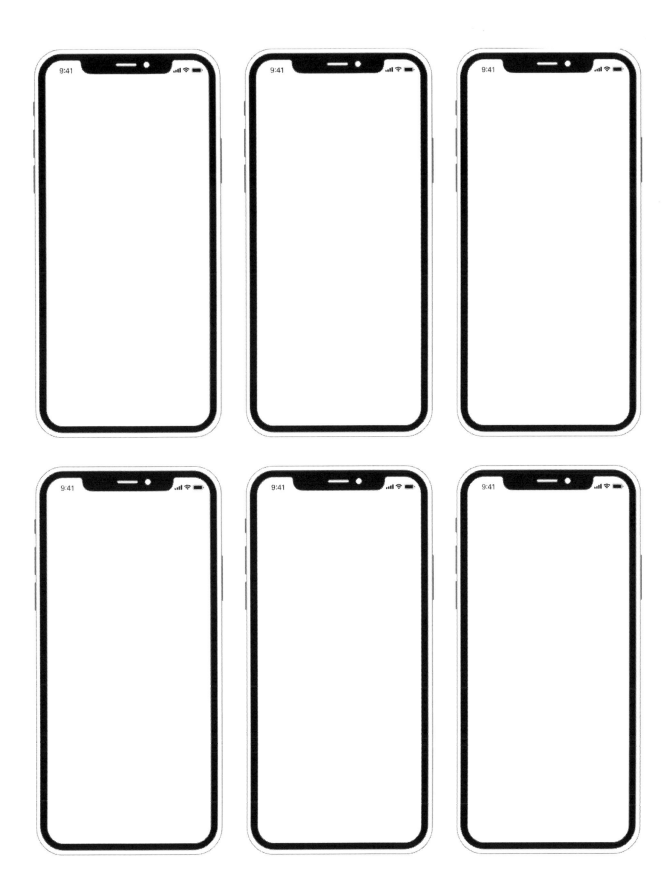

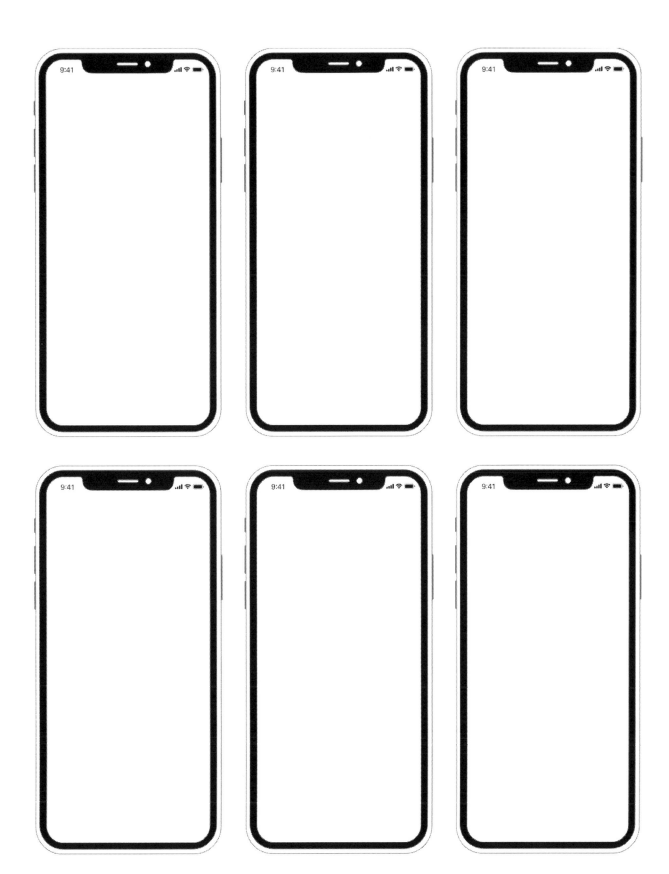

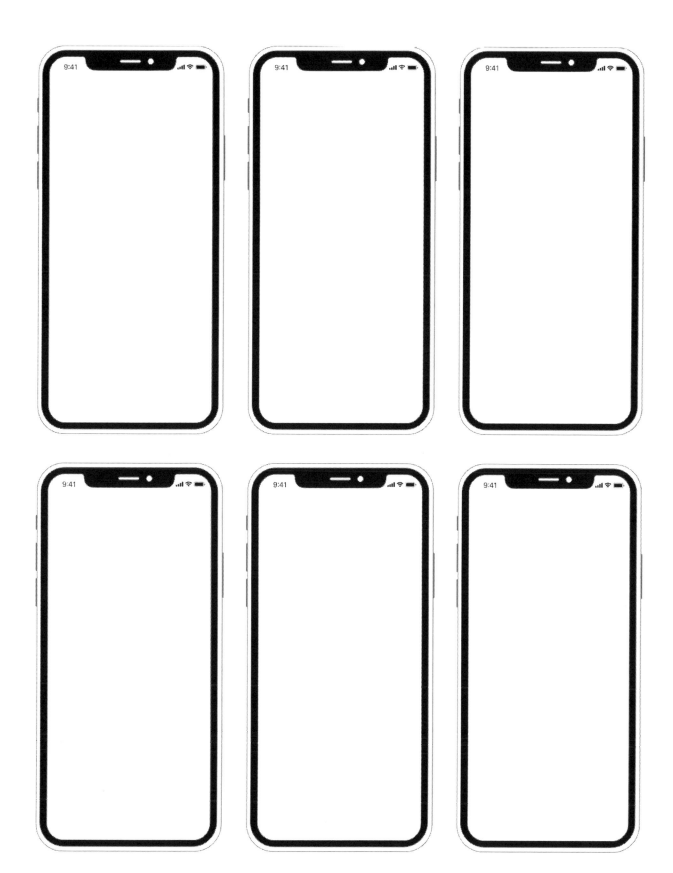

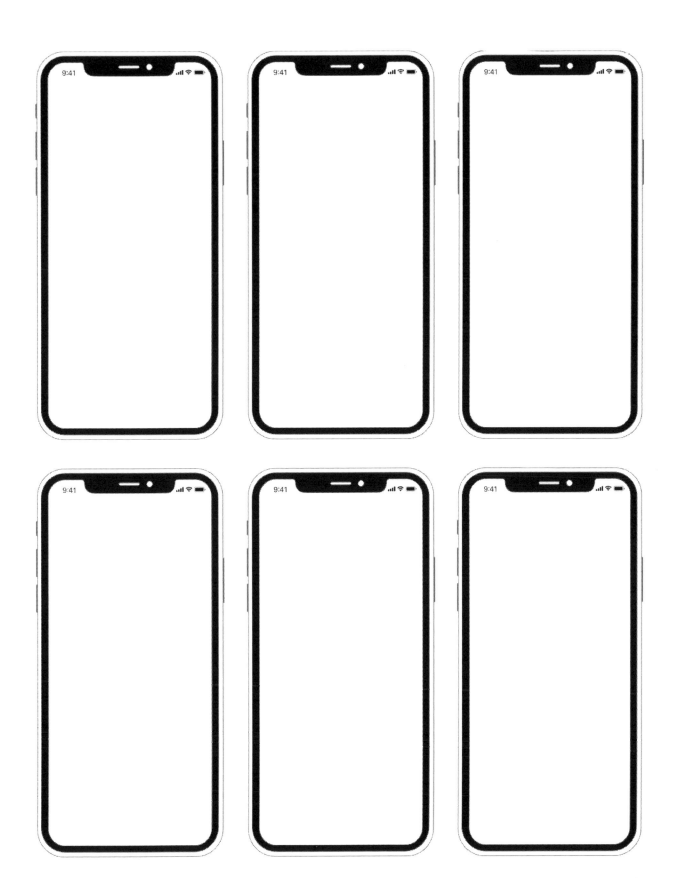

iPhone X (375 x 812 pt.) (1125 x 2436 px.)

iPhone X (375 x 812 pt.) (1125 x 2436 px.)

9:41

9:41

9:41

9:41

9:41

9:41

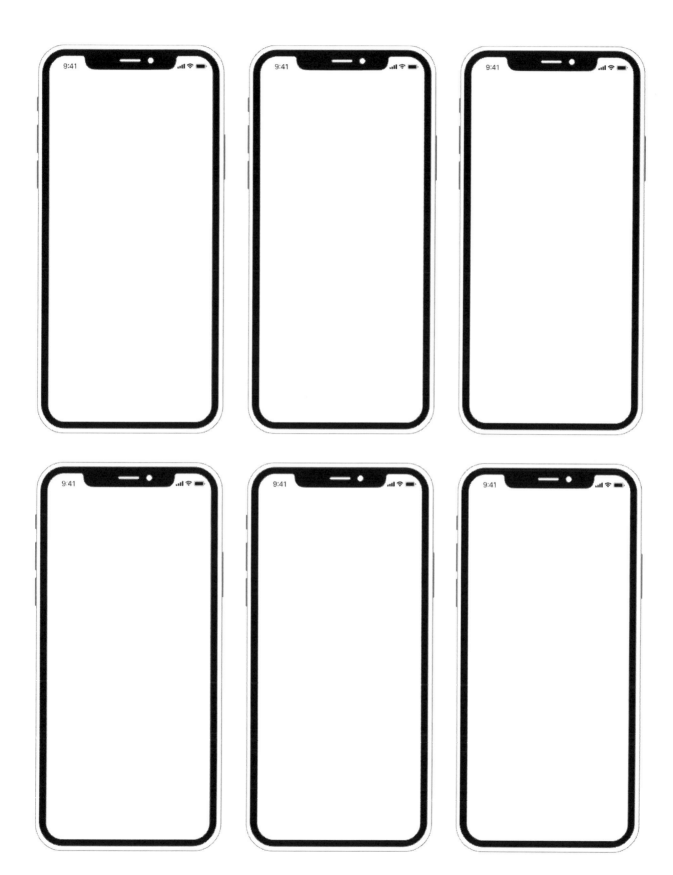

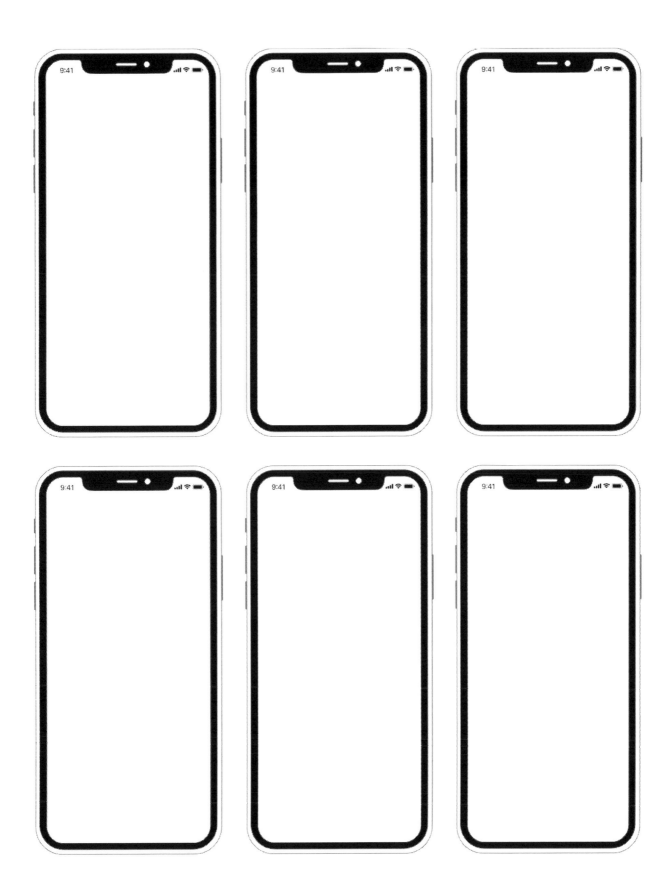

iPhone X (375 x 812 pt.) (1125 x 2436 px.)

iPhone X (375 x 812 pt.) (1125 x 2436 px.)

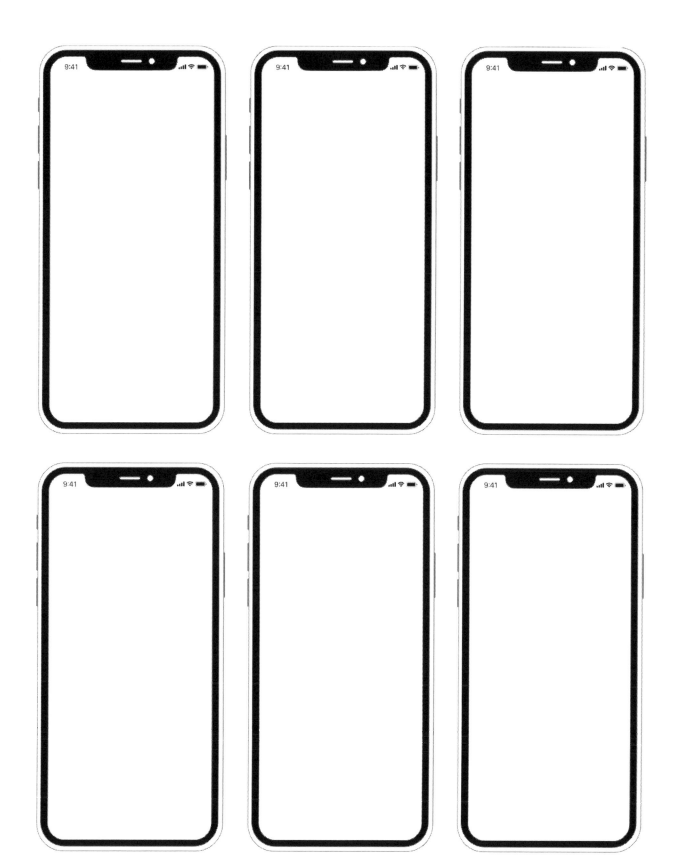

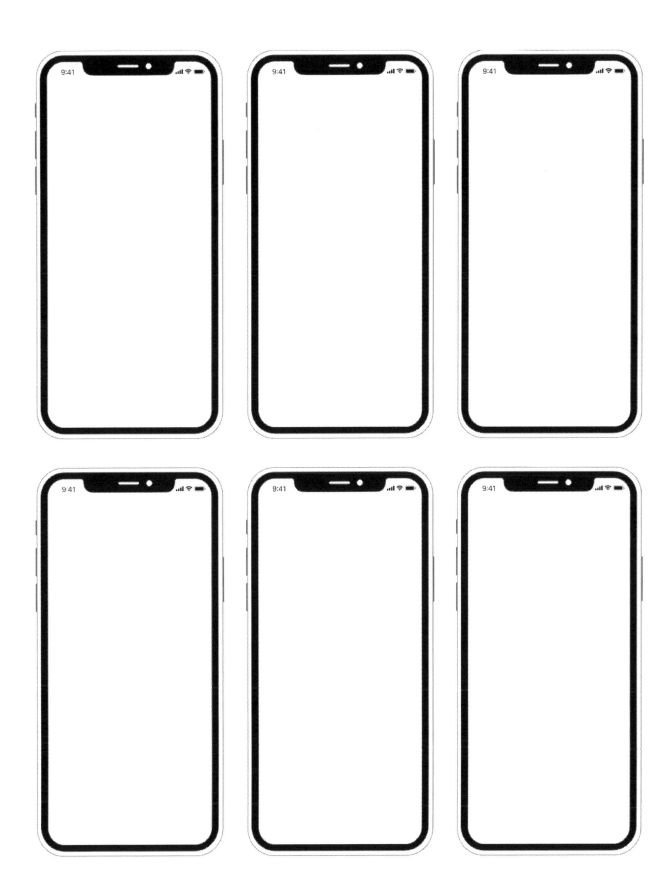

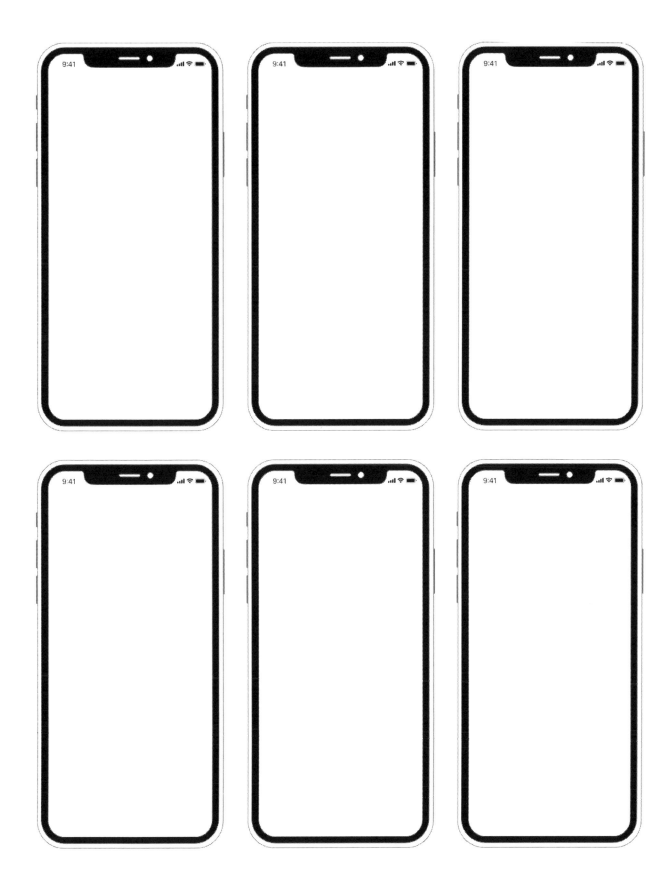

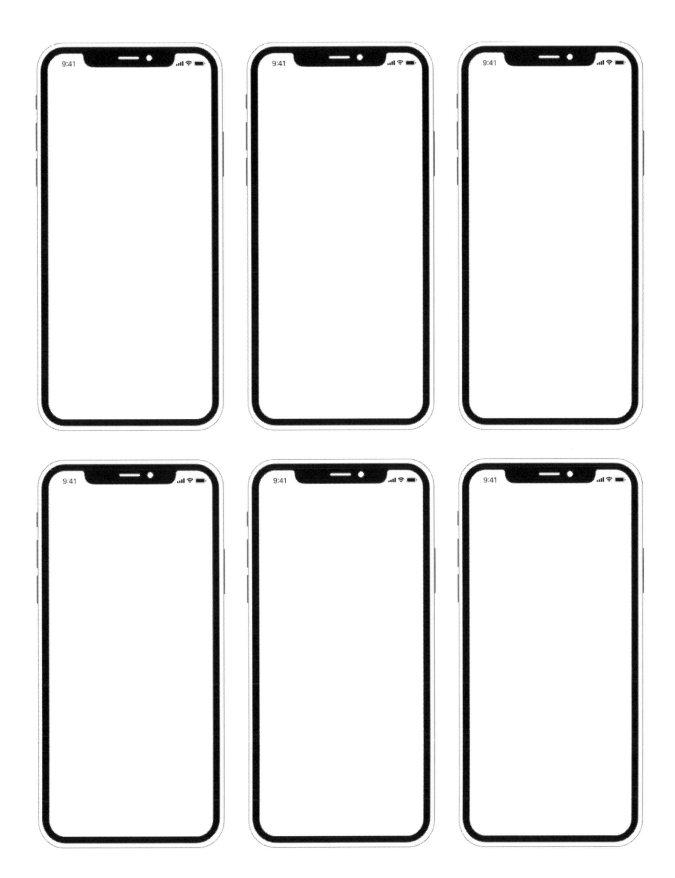

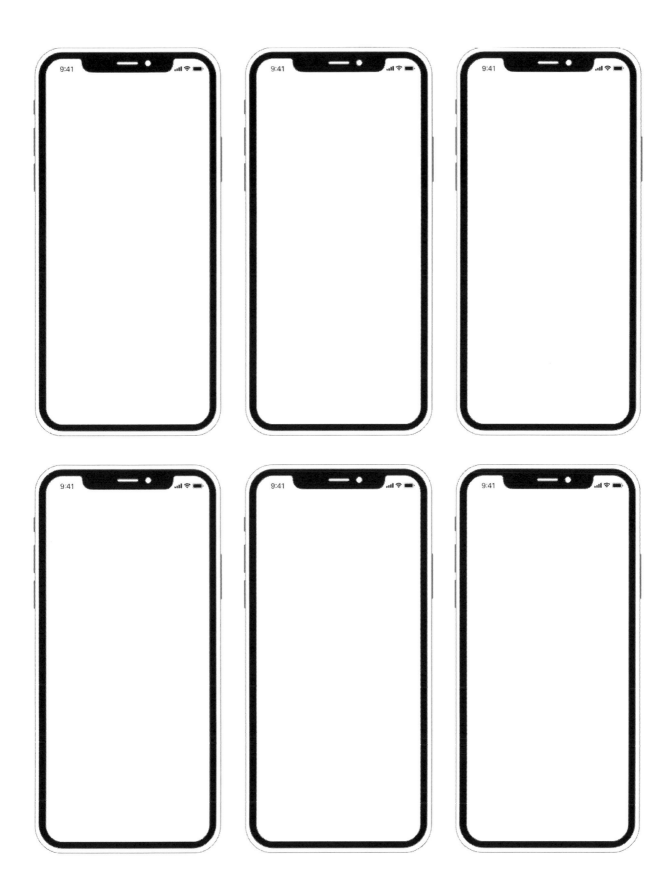

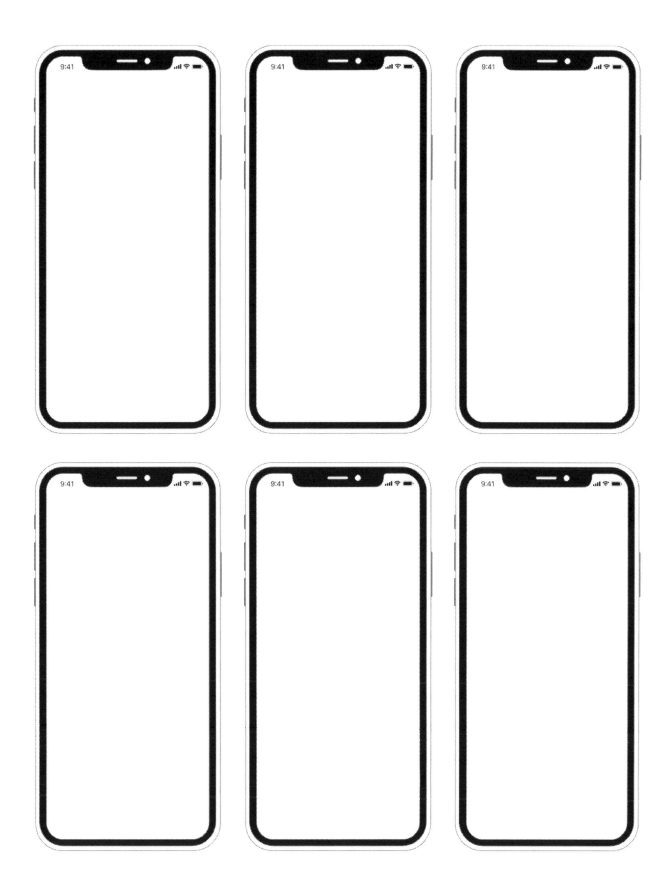

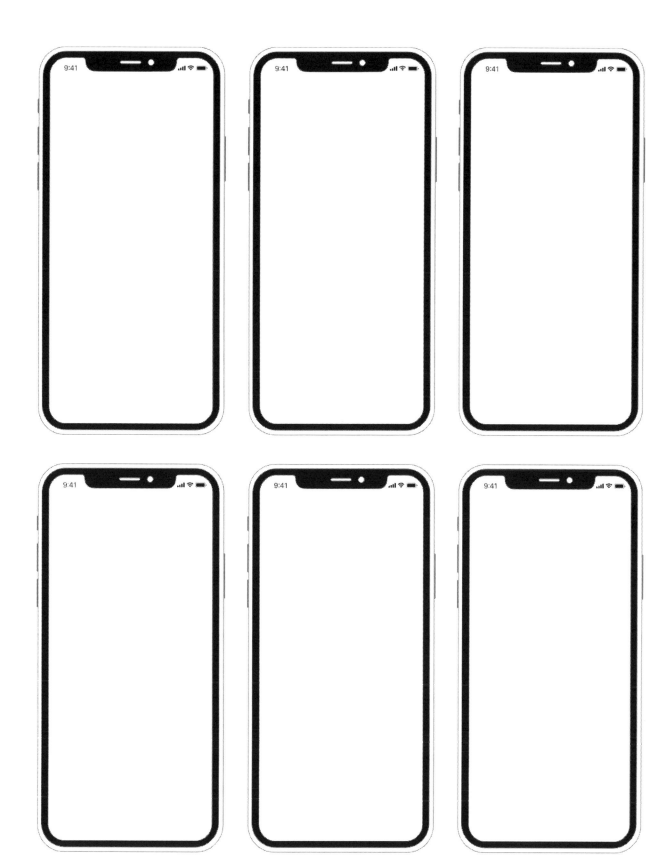

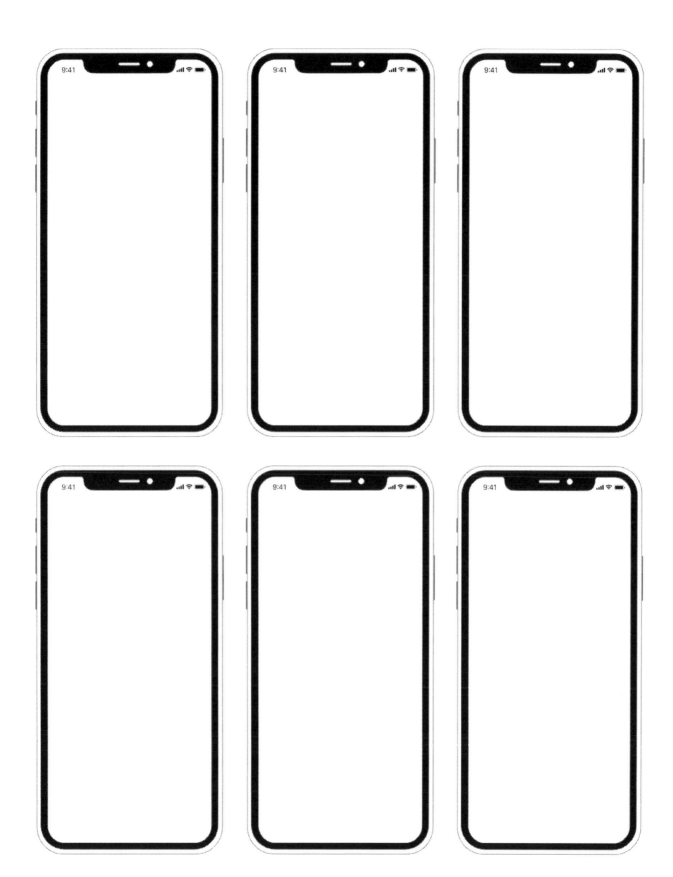

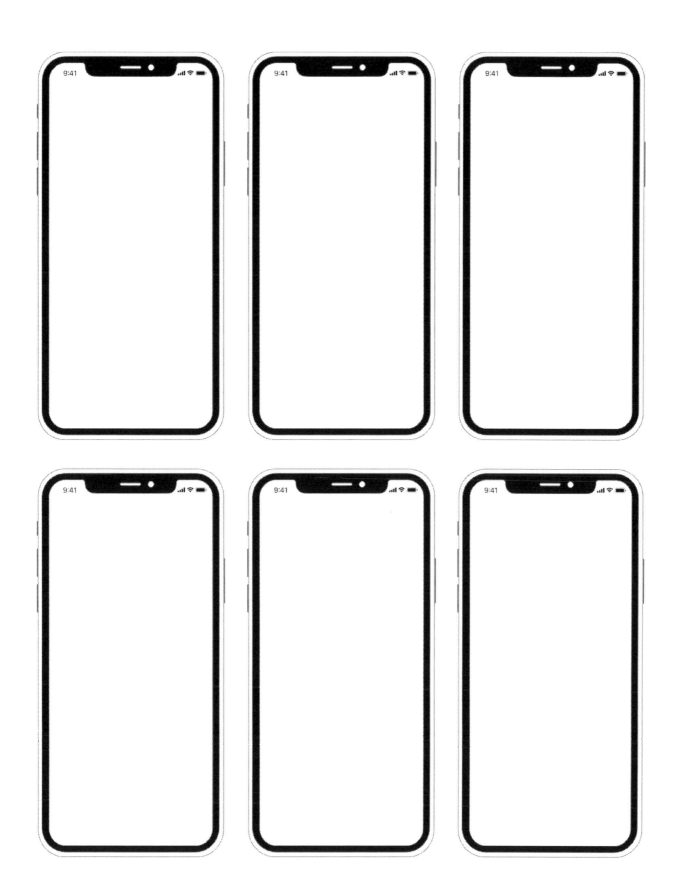

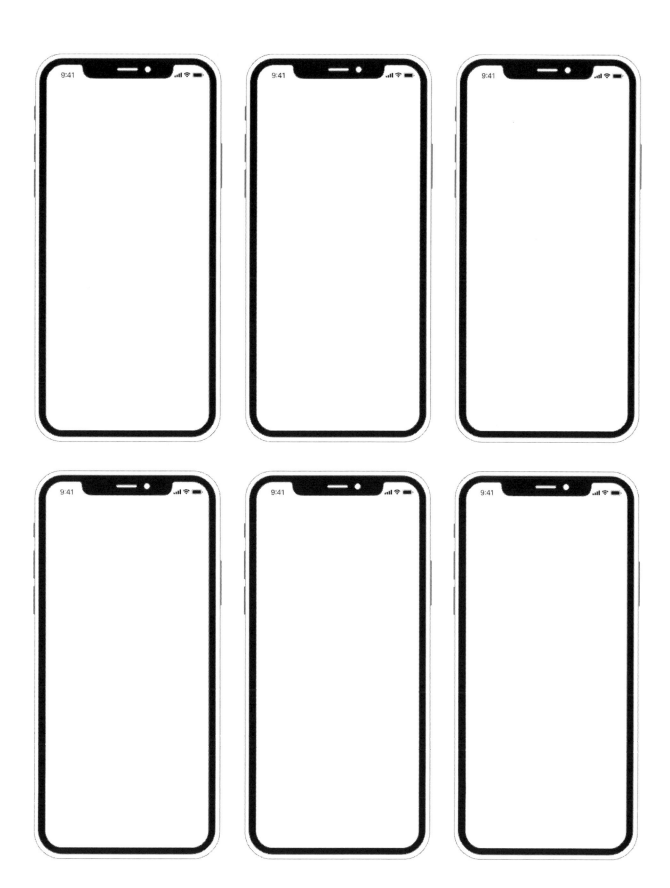

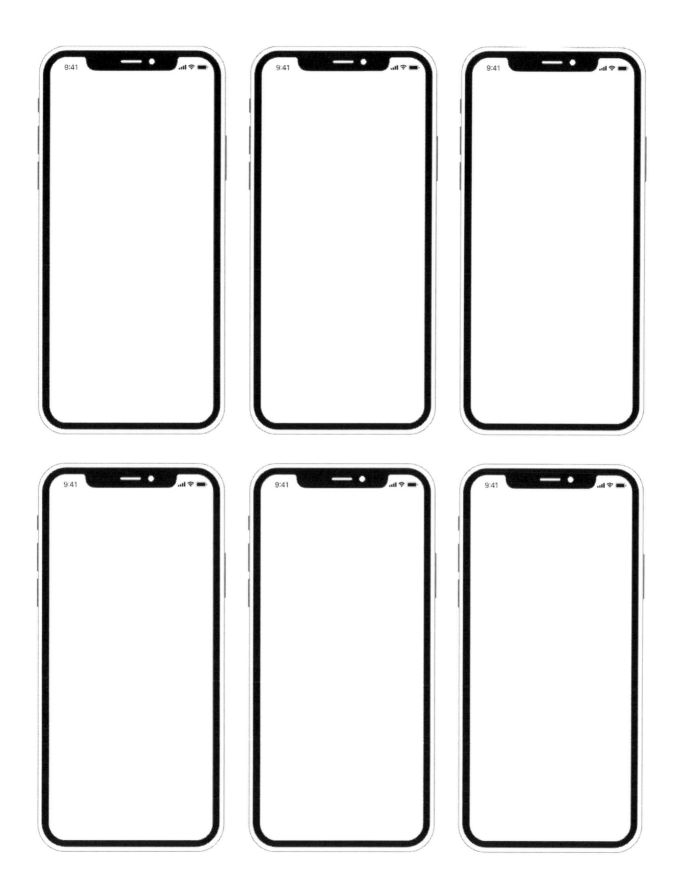

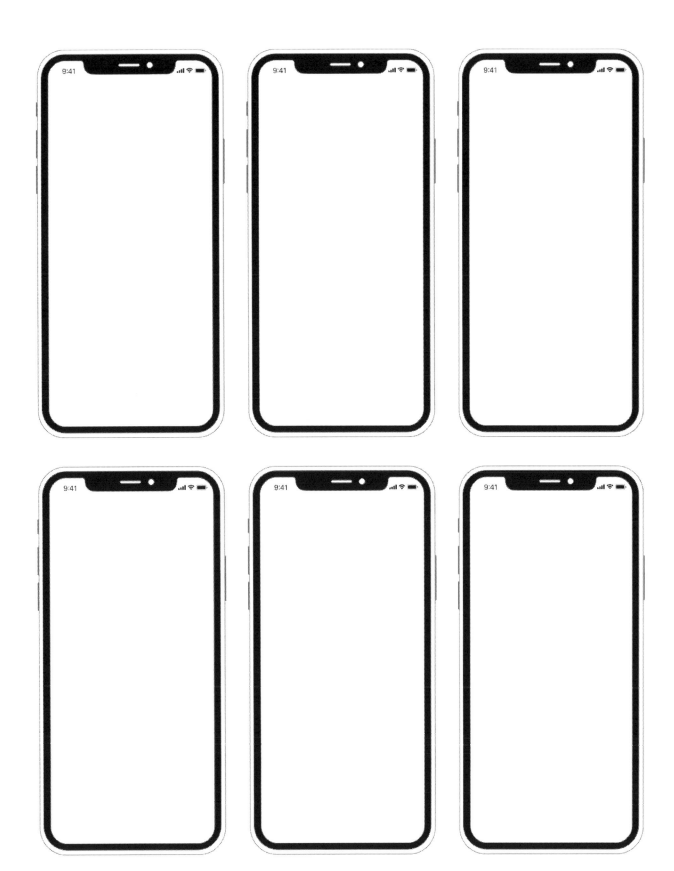

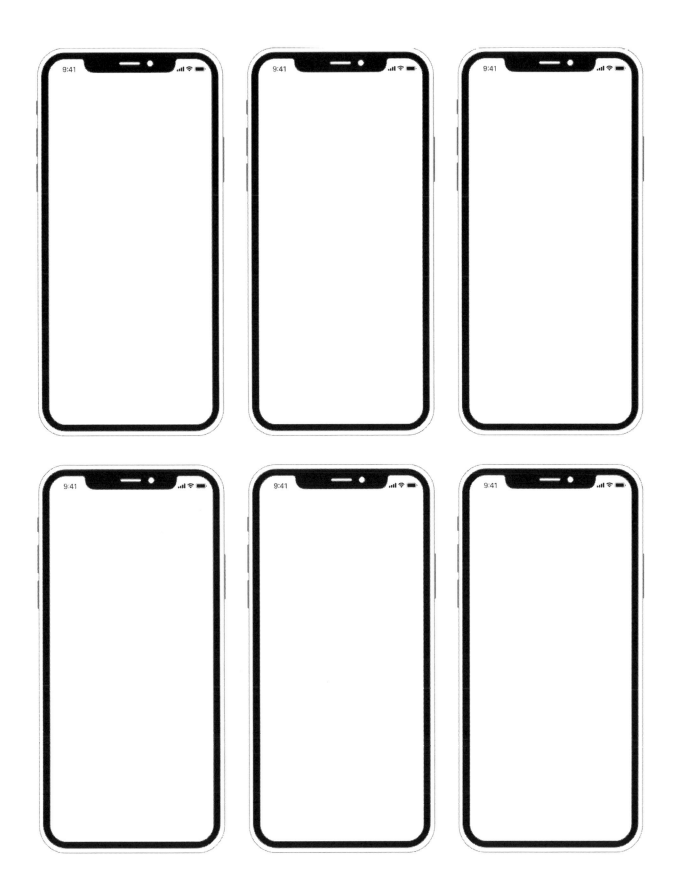

iPhone X (375 x 812 pt.) (1125 x 2436 px.)

iPhone X (375 x 812 pt.) (1125 x 2436 px.)

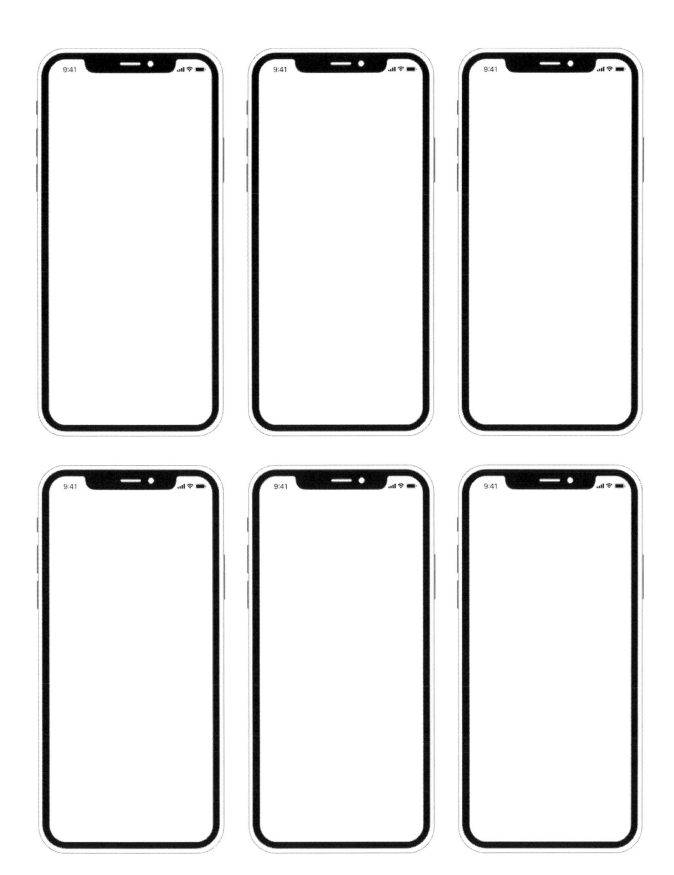

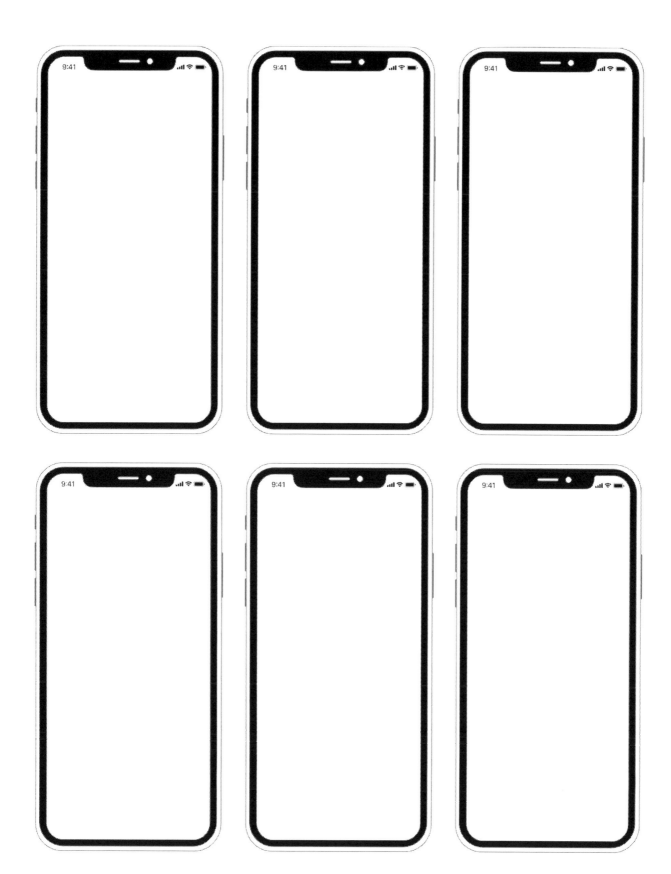

iPhone X (375 x 812 pt.) (1125 x 2436 px.)

iPhone X (375 x 812 pt.) (1125 x 2436 px.)

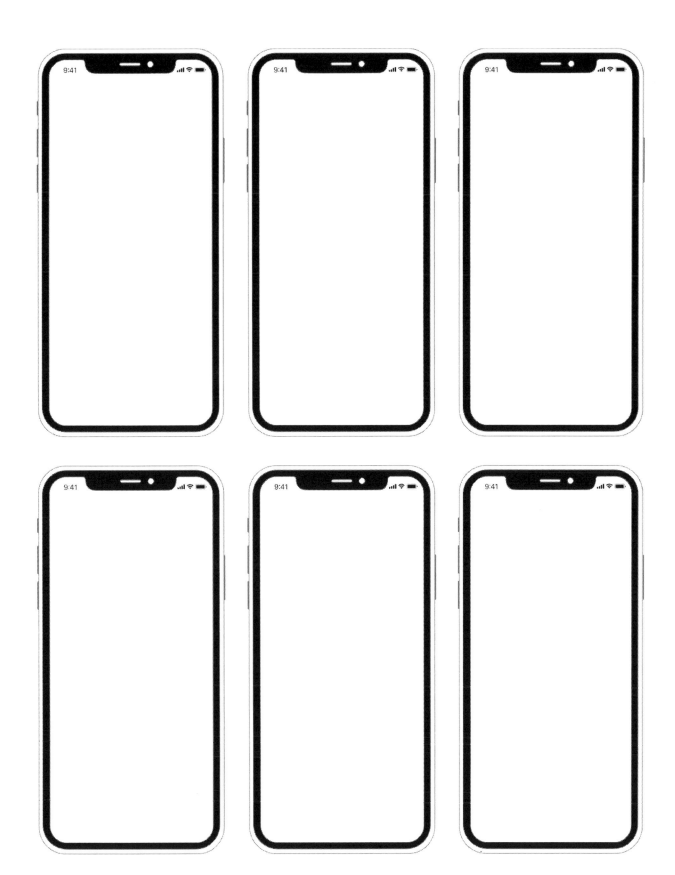

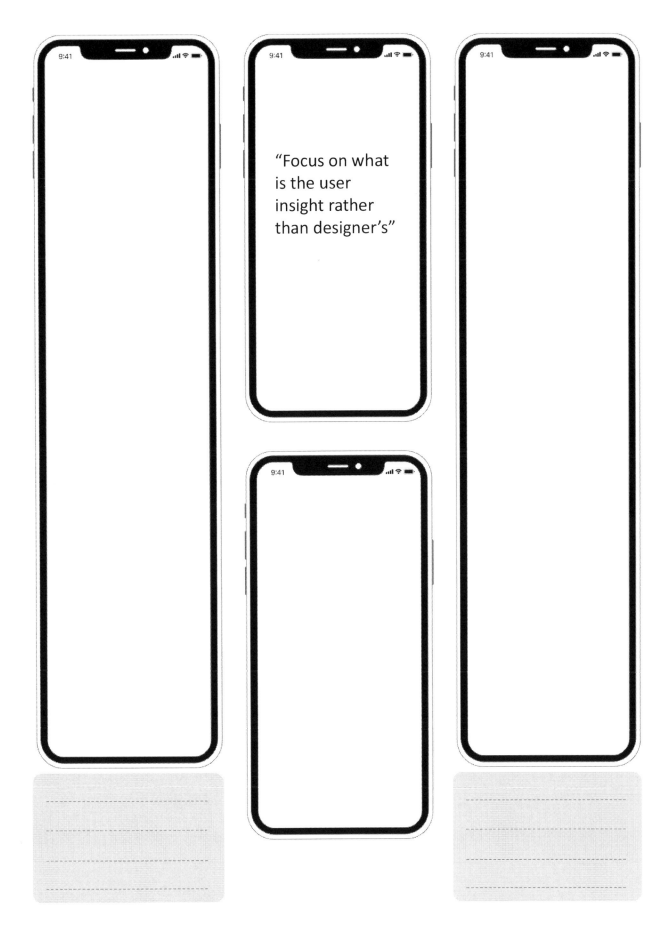

9:41

9:41

"Focus on what
is the user
insight rather
than designer's"

9:41

9:41

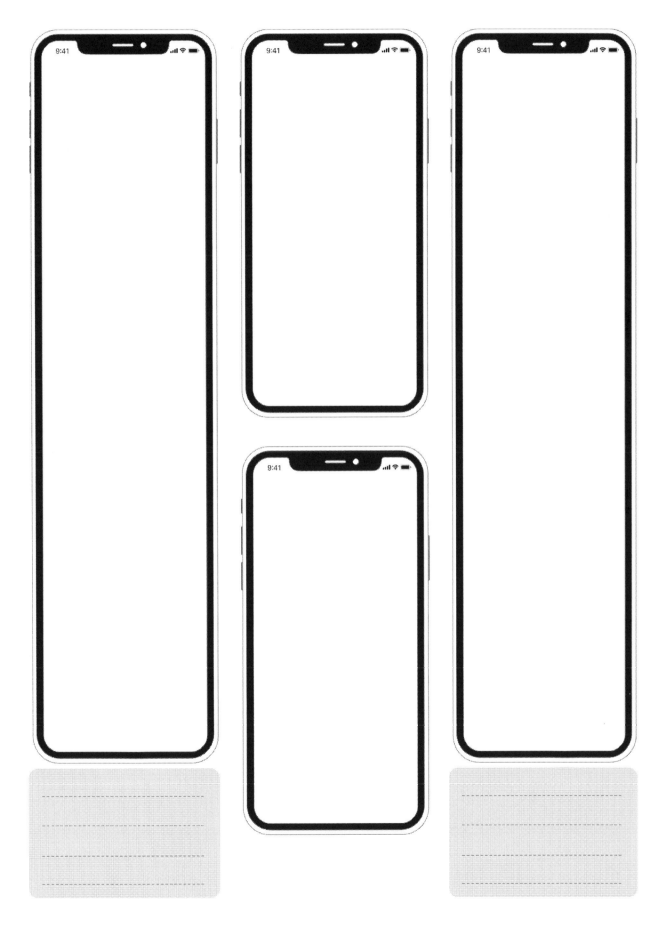

9:41

9:41

9:41

9:41

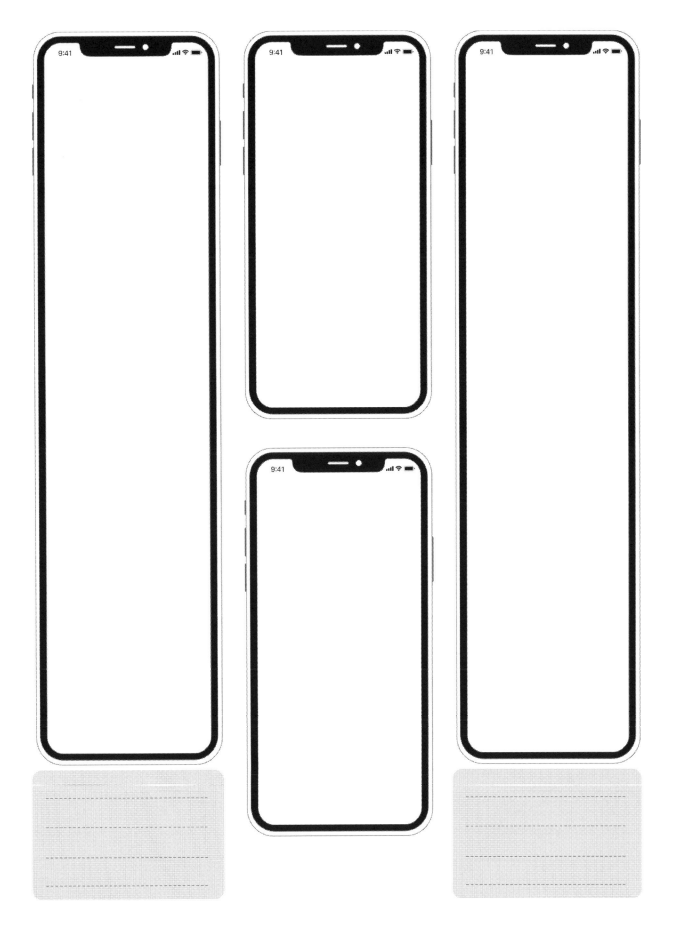

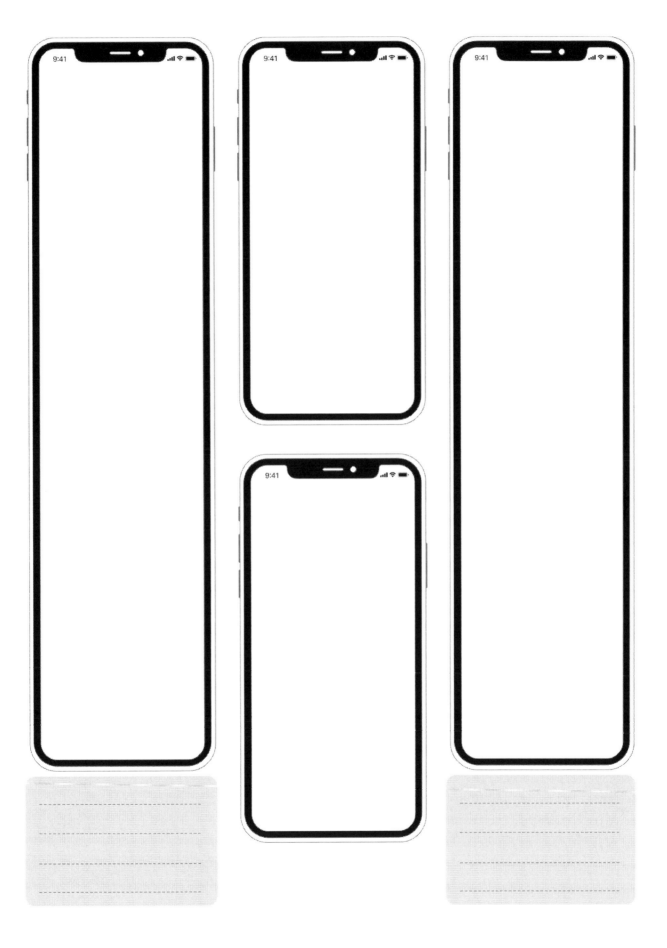

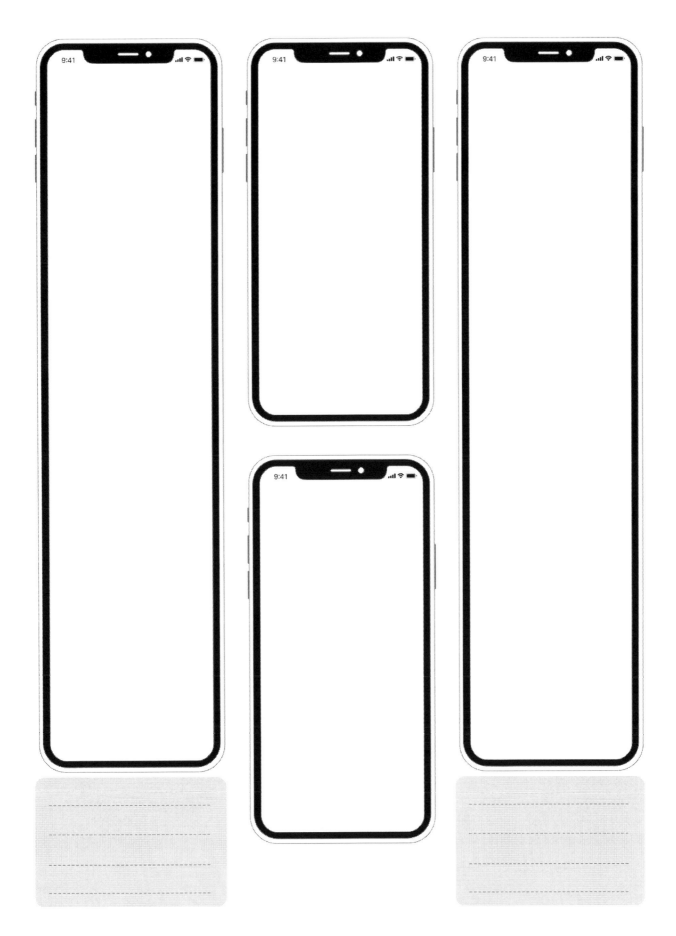

9:41

9:41

9:41

9:41

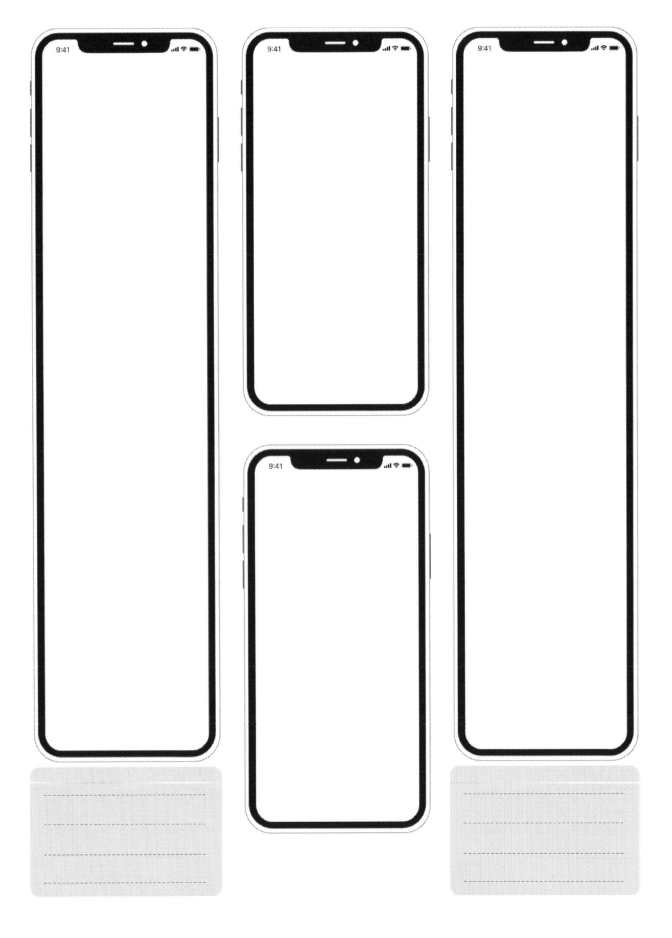

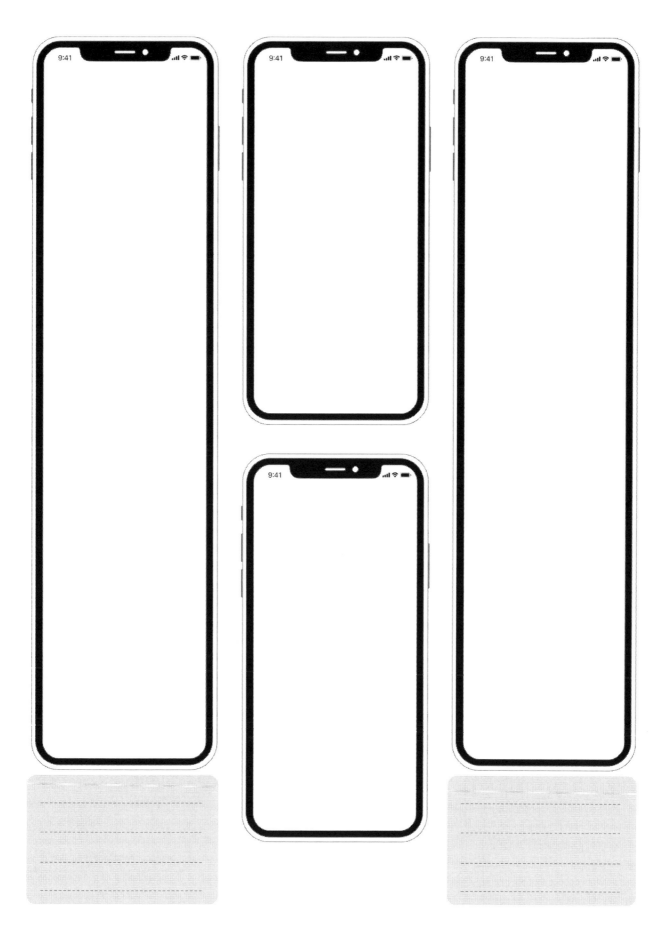

iPhone X (375 x 812 pt.) (1125 x 2436 px)

iPhone X (375 x 812 pt.) (1125 x 2436 px.)

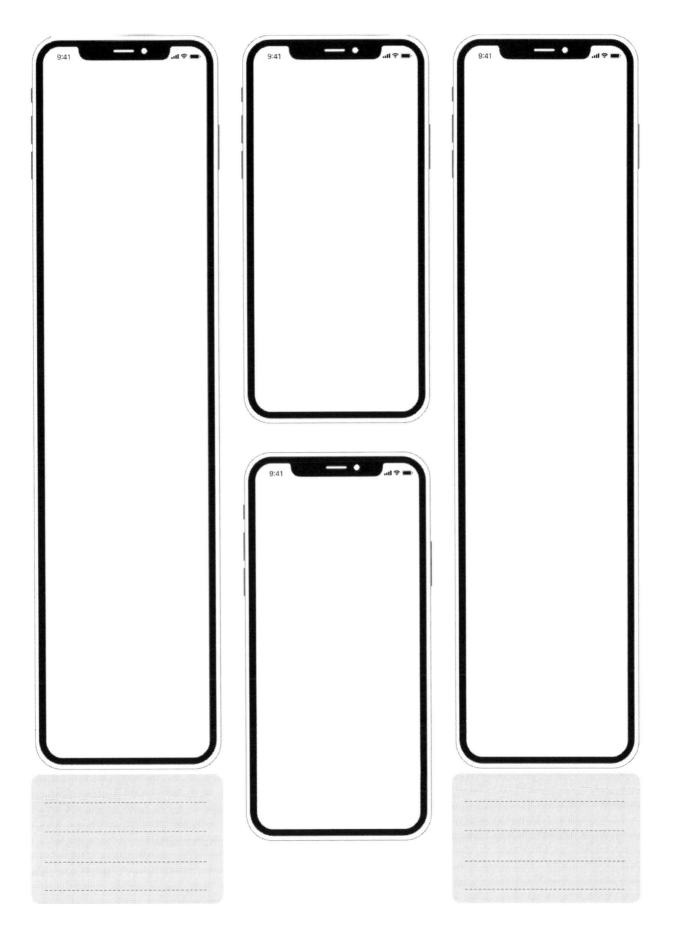

iPhone X (375 x 812 pt.) (1125 x 2436 px.)

iPhone X (375 x 812 pt.) (1125 x 2436 px.)

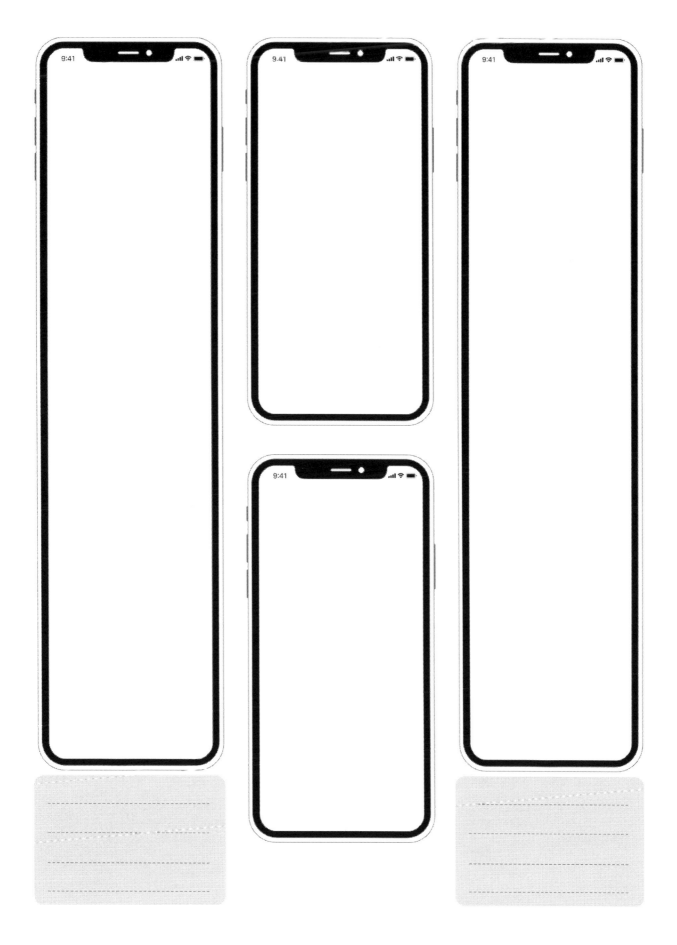

iPhone X (375 x 812 pt.) (1125 x 2436 px.)

iPhone X (375 x 812 pt.) (1125 x 2436 px.)

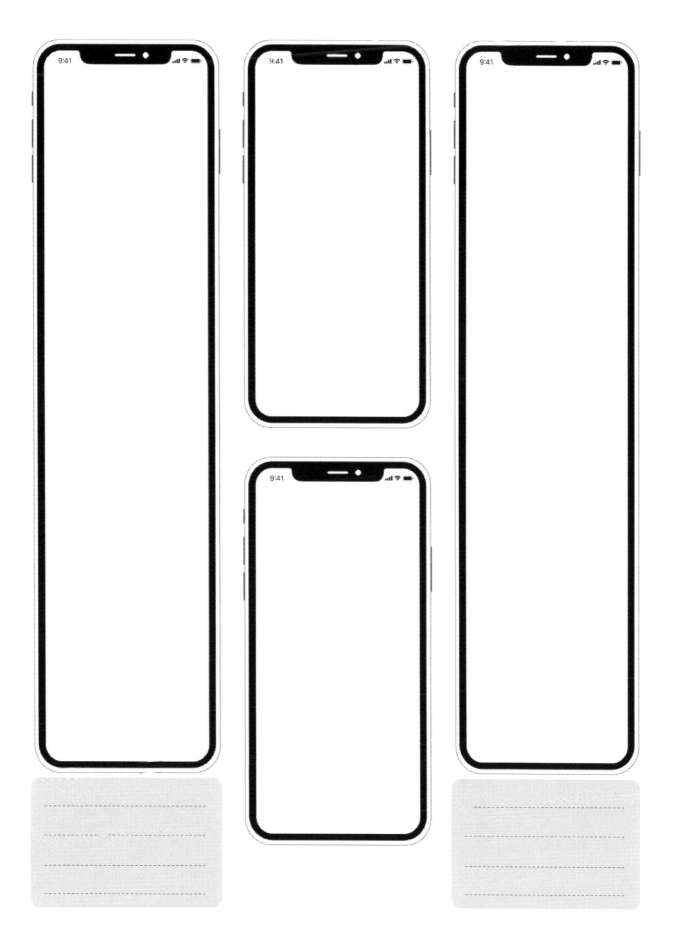

iPhone X (375 x 812 pt.) (1125 x 2436 px.)

iPhone X (375 x 812 pt.) (1125 x 2436 px.)

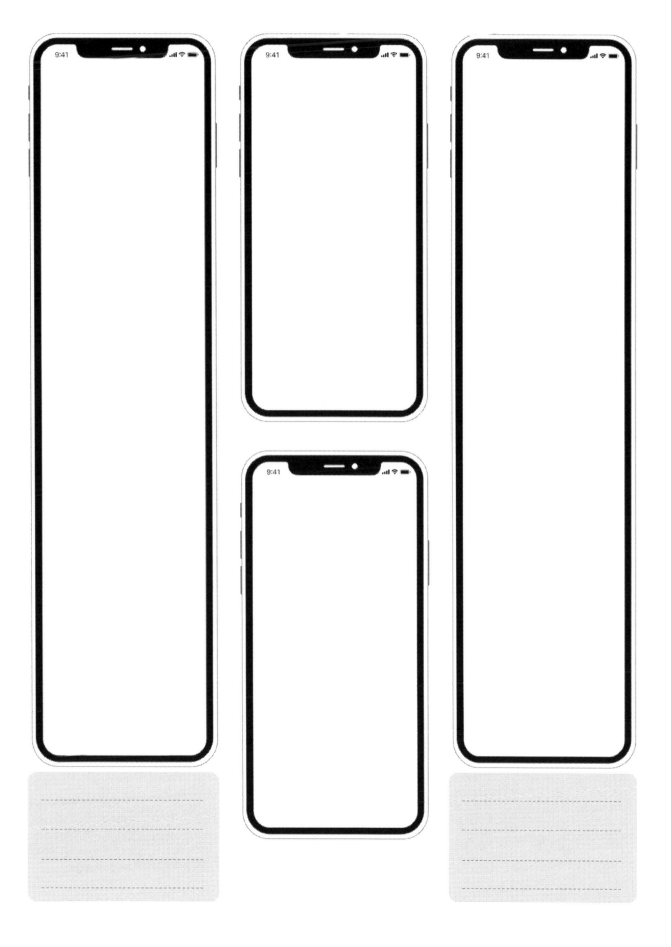

iPhone X (375 x 812 pt.) (1125 x 2436 px.)

iPhone X (375 x 812 pt.) (1125 x 2436 px.)

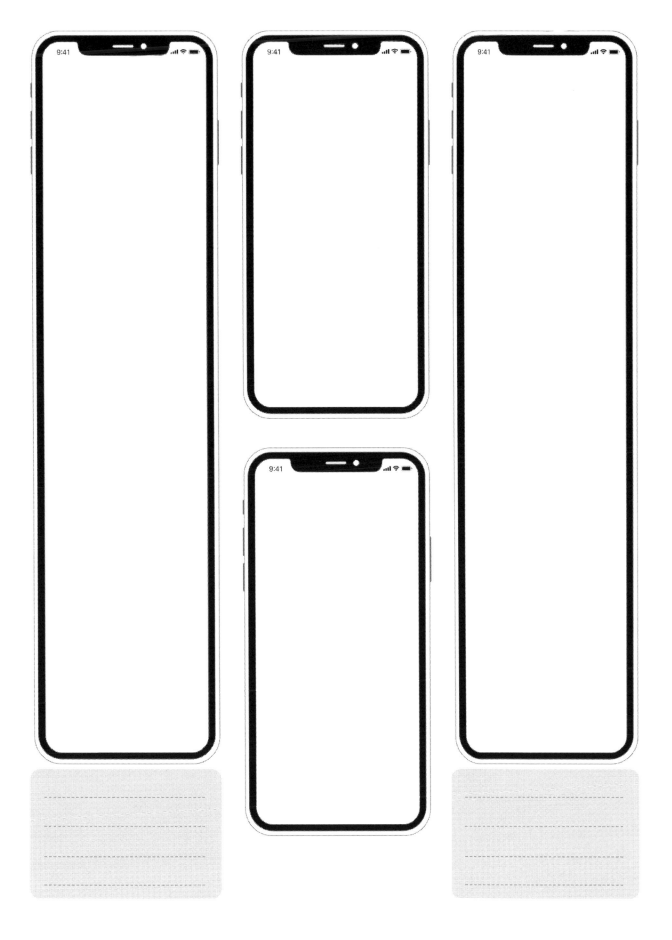

9:41

9:41

9:41

9:41

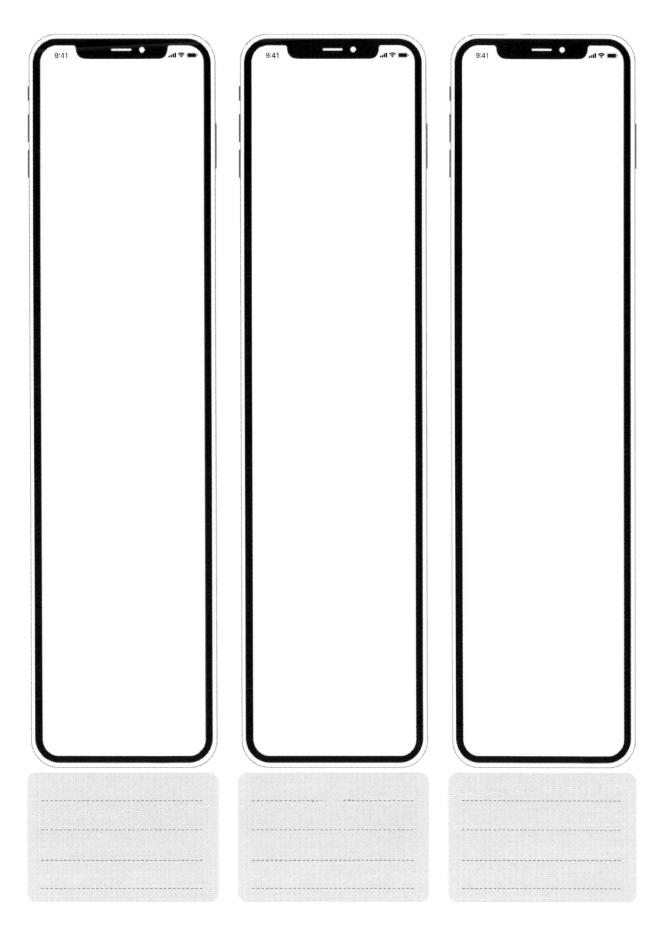

9:41

9:41

9:41

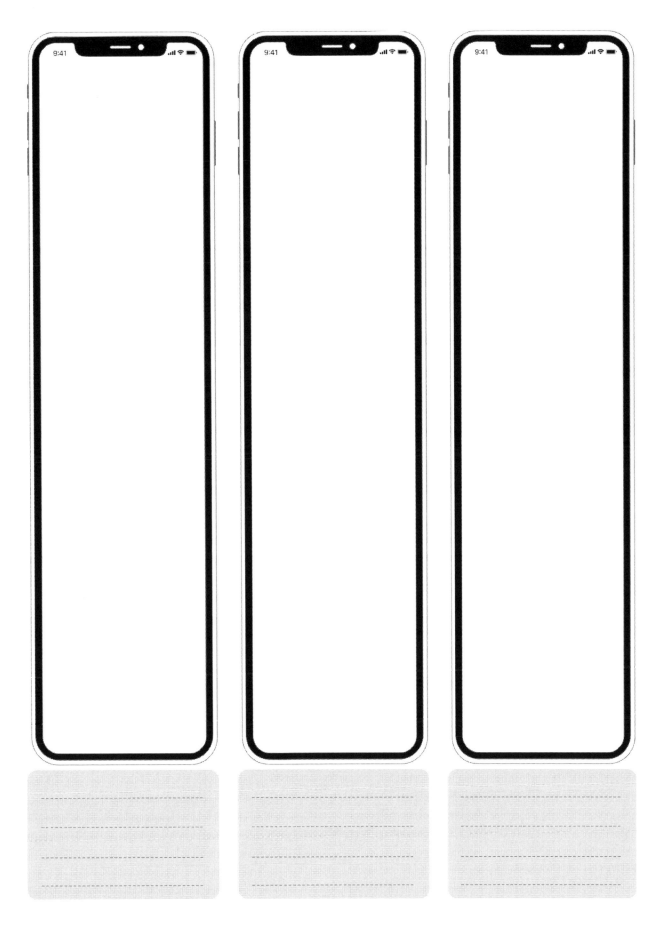

9:41

9:41

9:41

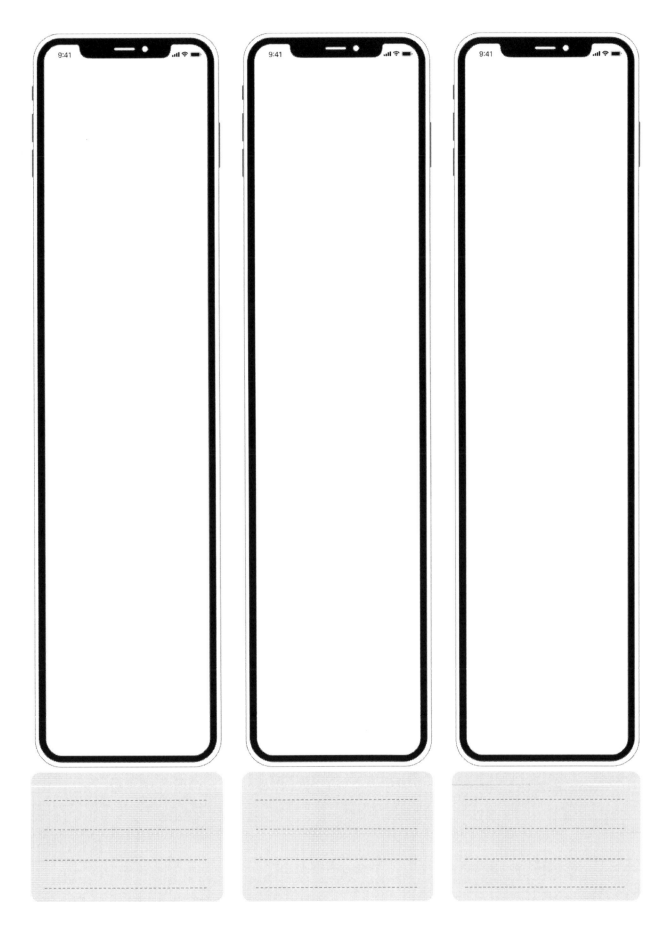

9:41

9:41

9:41

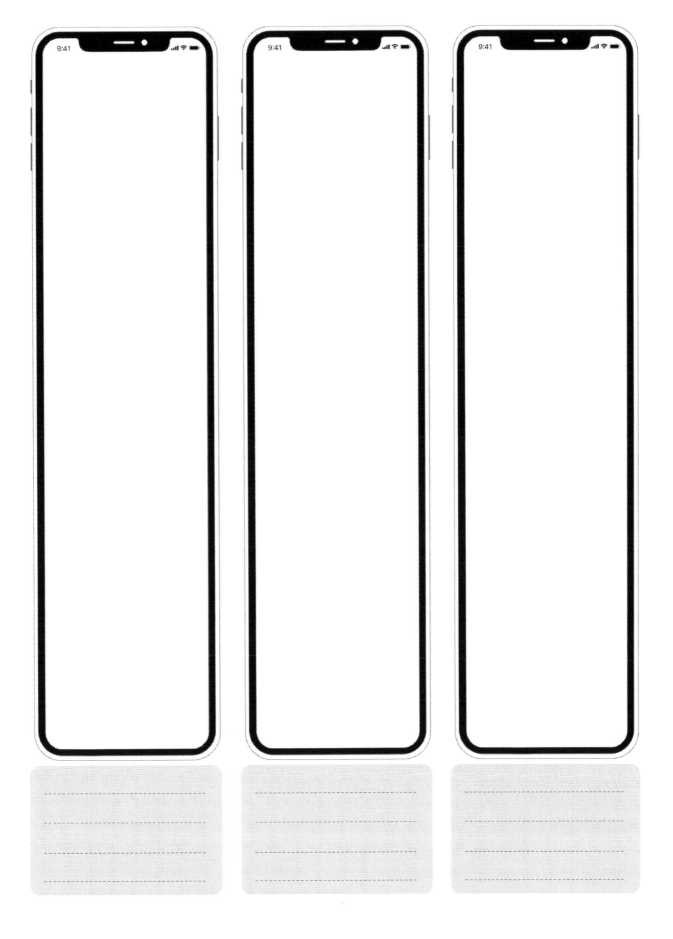

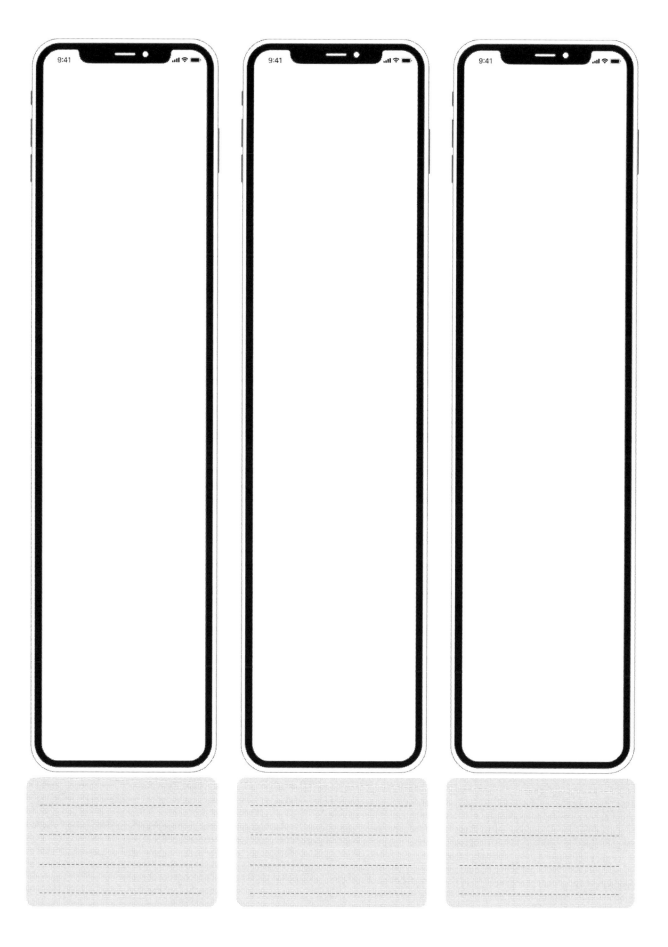

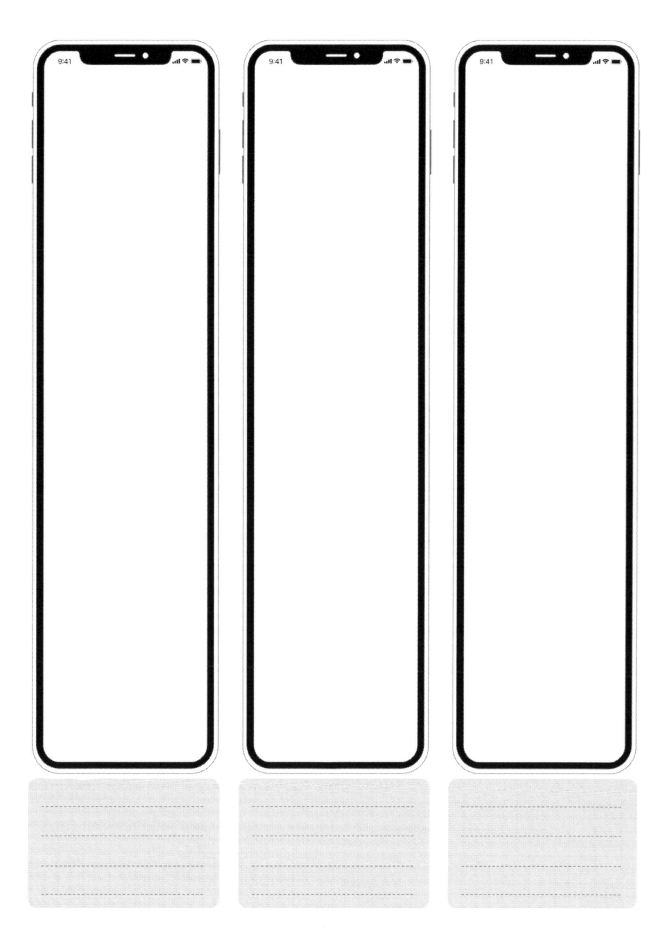

9:41

9:41

9:41

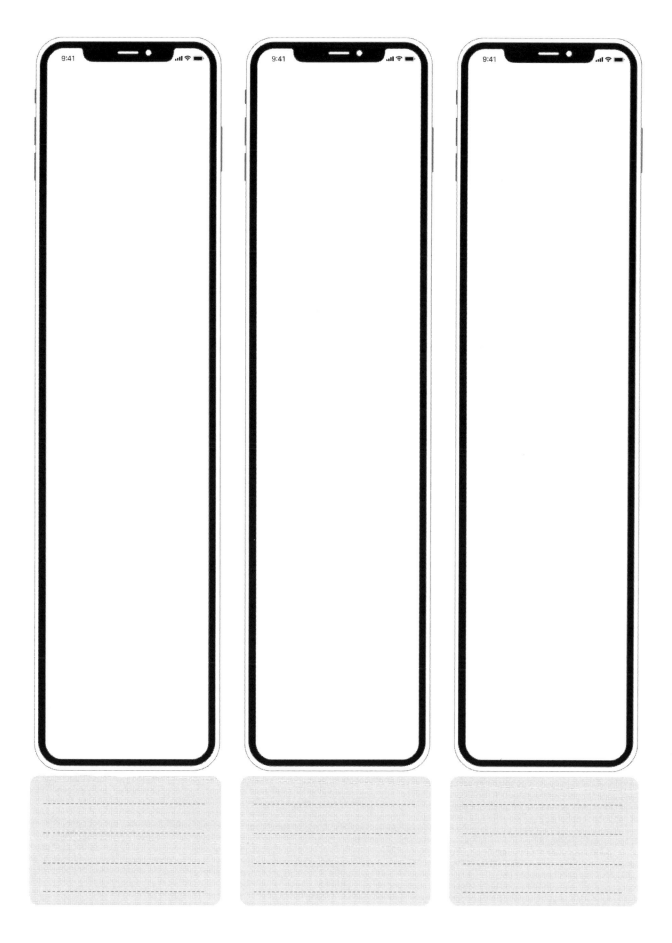

9:41

9:41

9:41

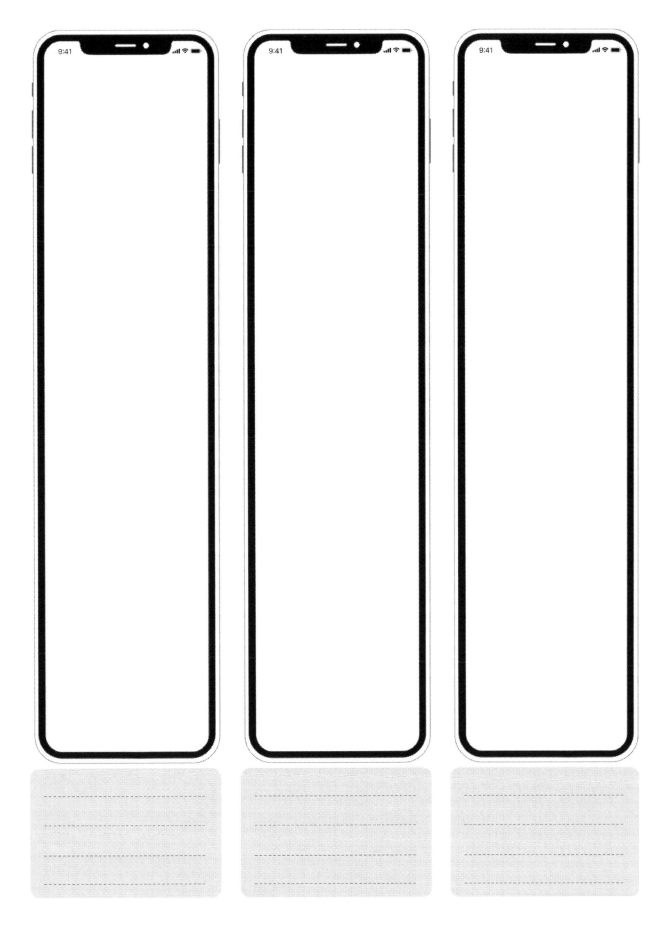

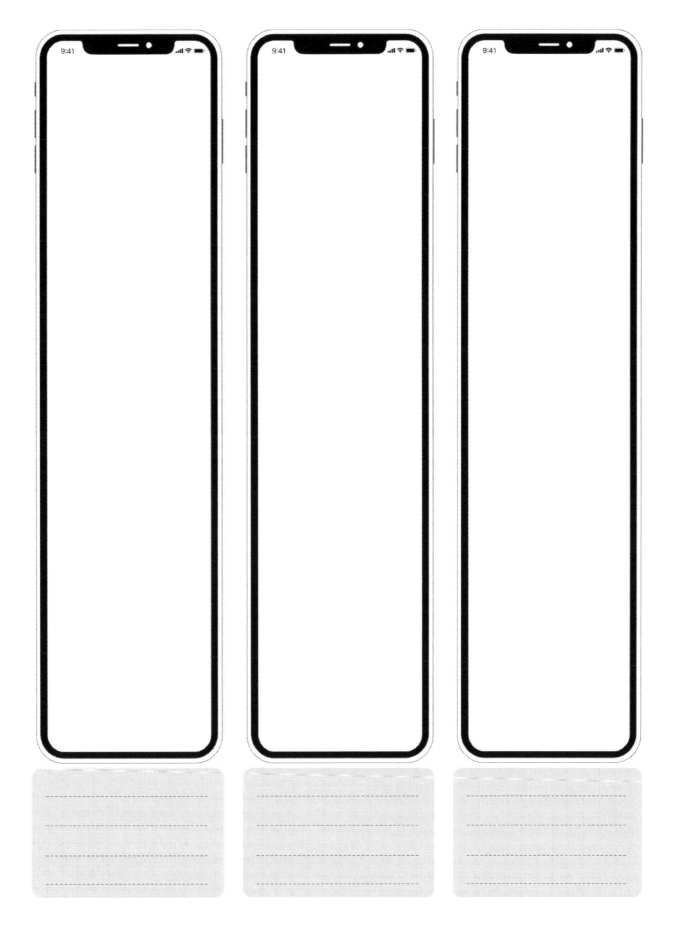

9:41

9:41

9:41

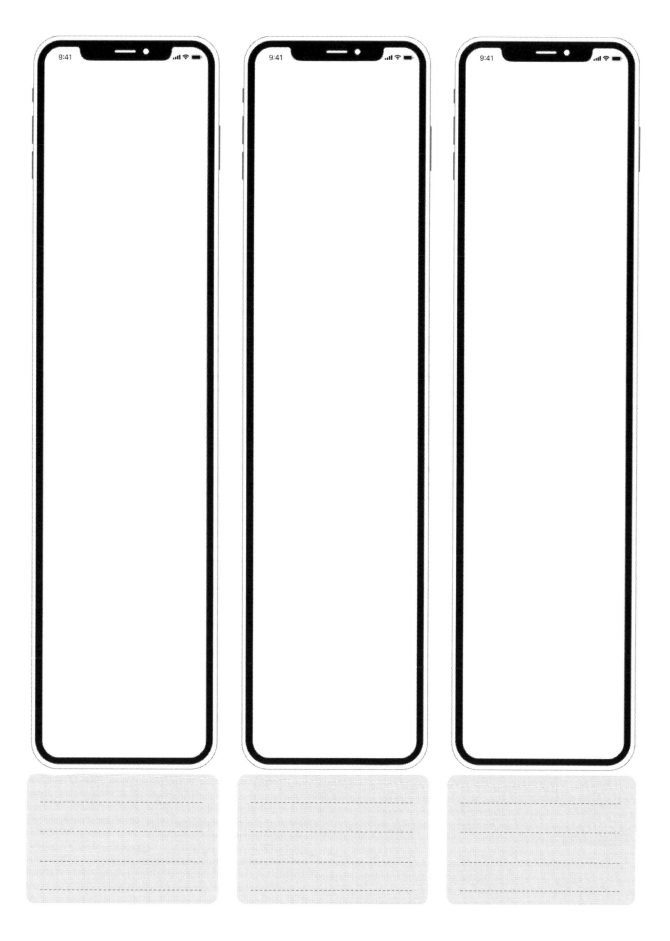

9:41

9:41

9:41

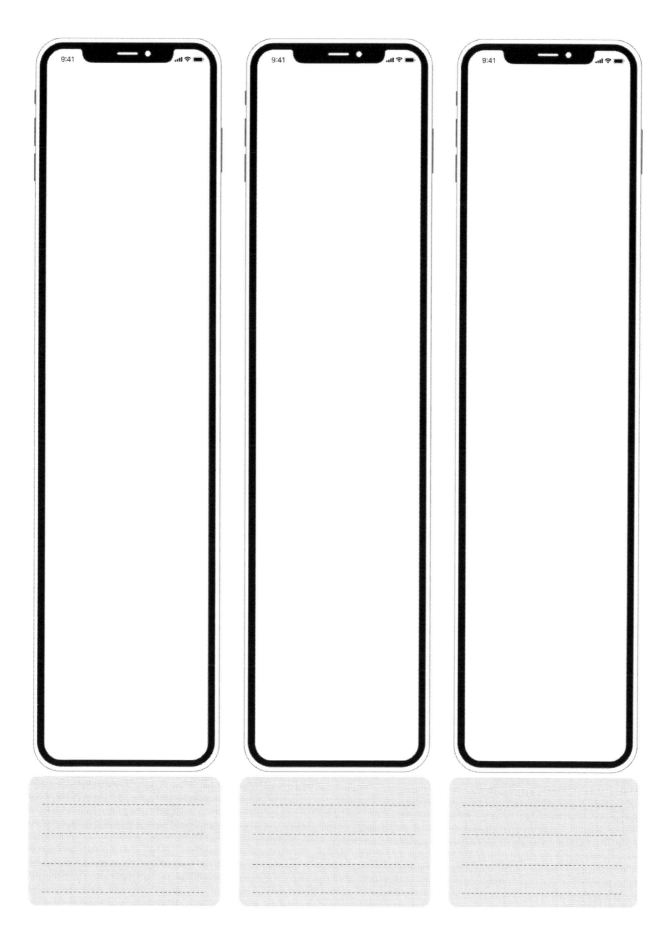

9:41

9:41

9:41

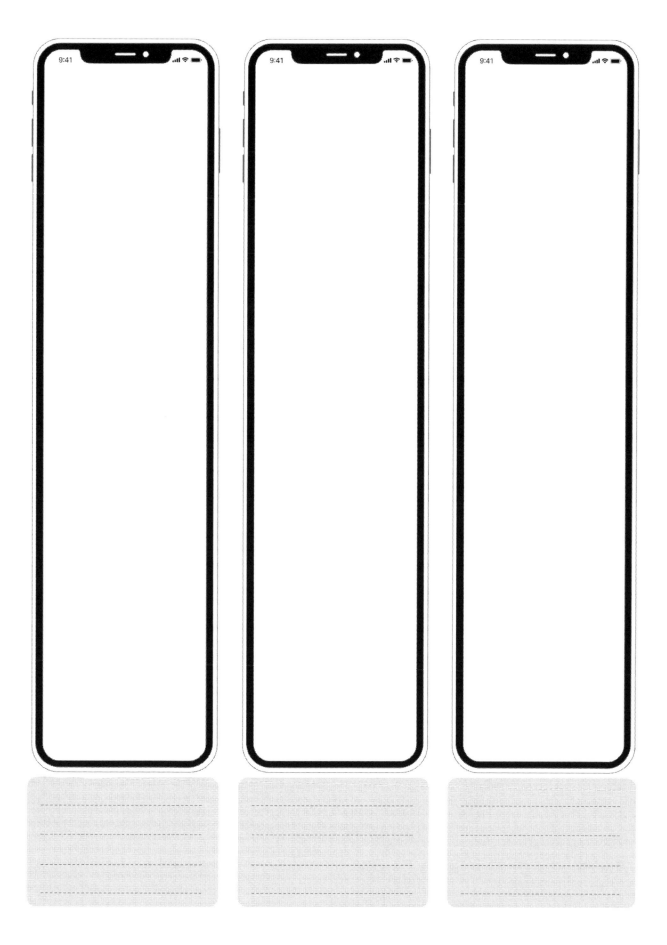

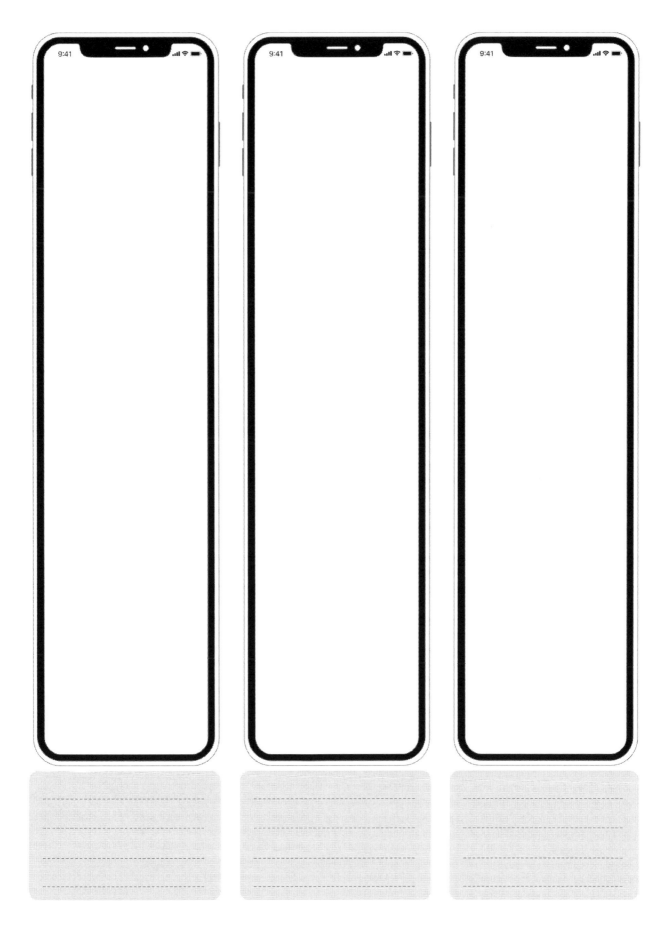

9:41

9:41

9:41

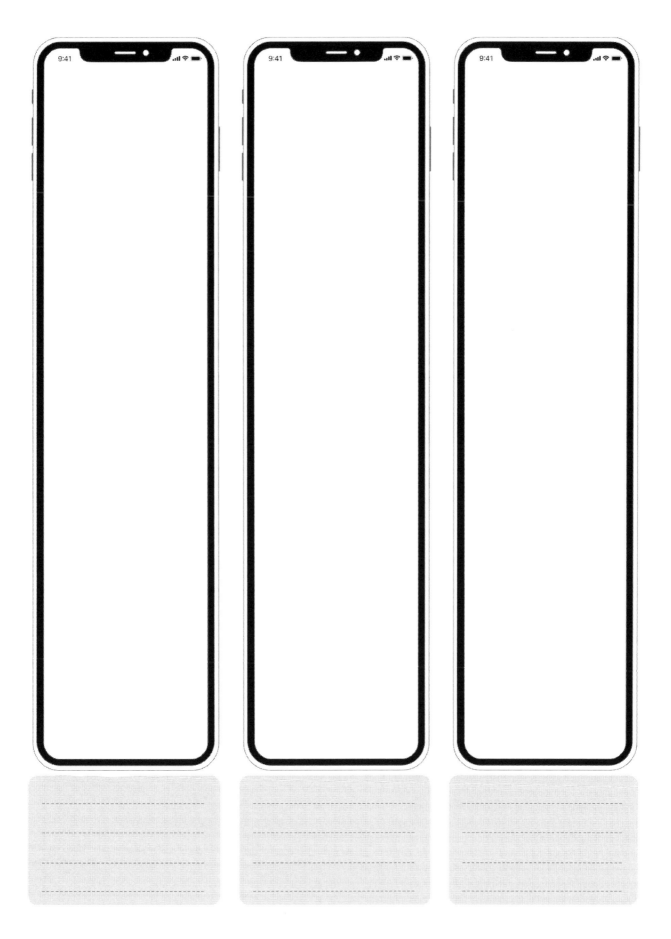

9:41

9:41

9:41

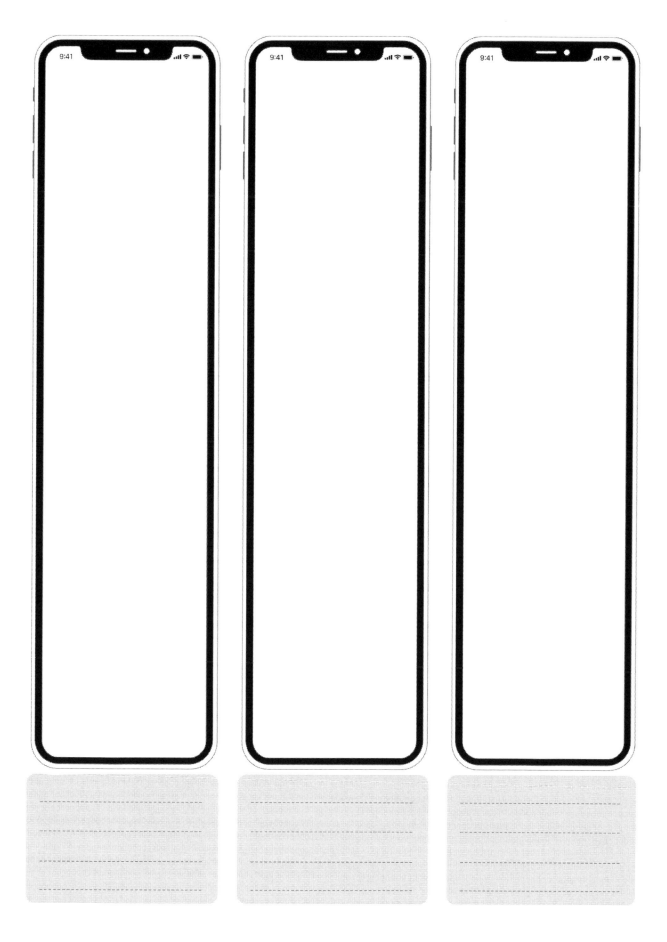

9:41

9:41

9:41

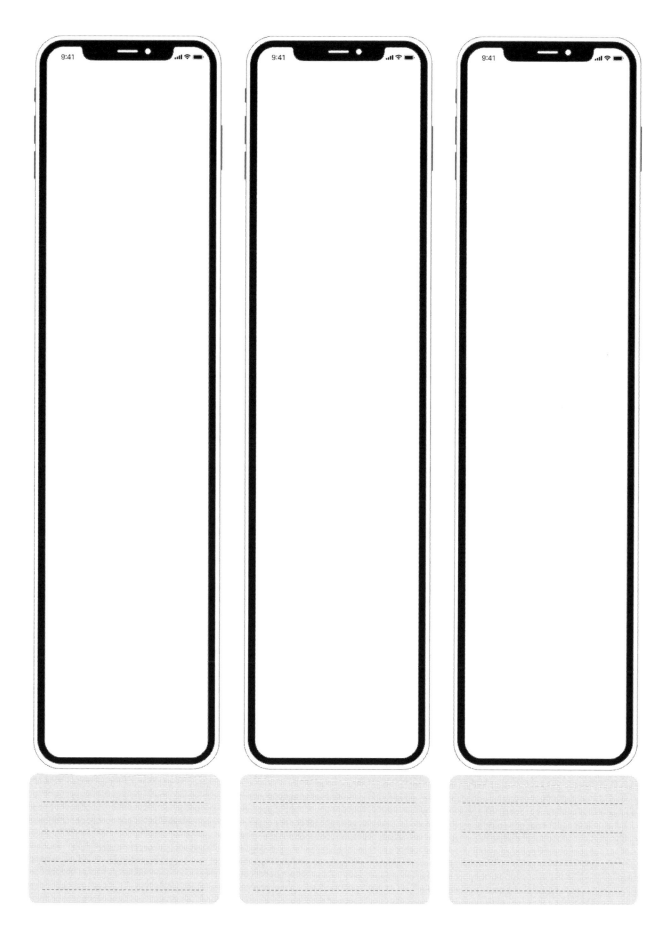

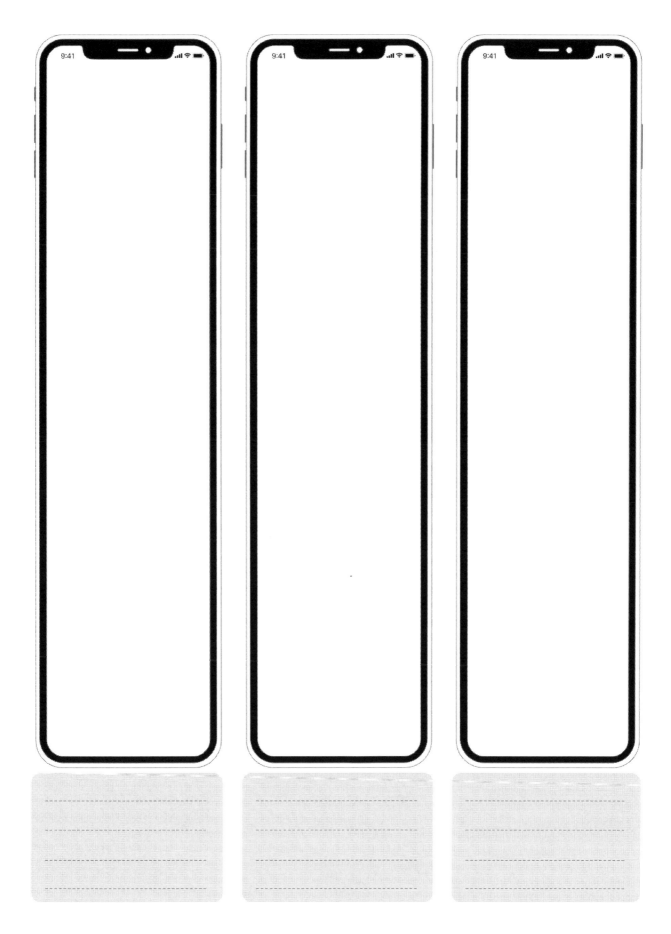

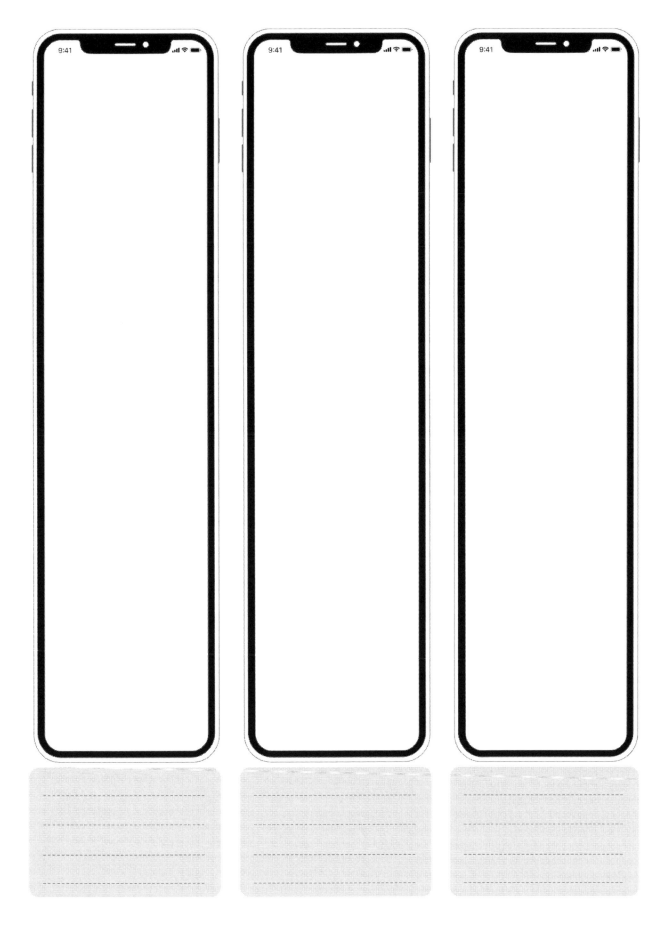

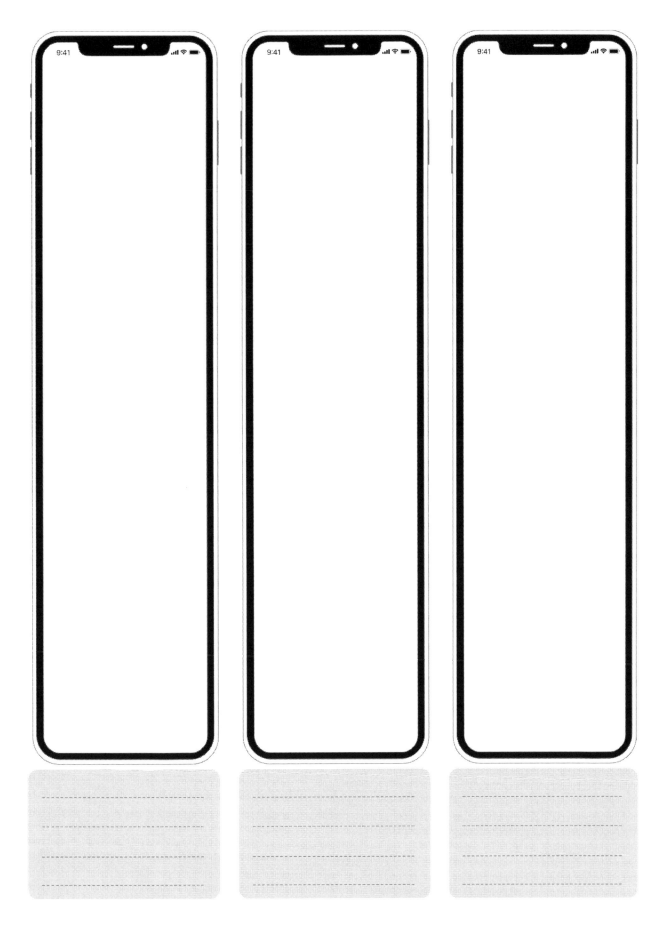

9:41

9:41

9:41

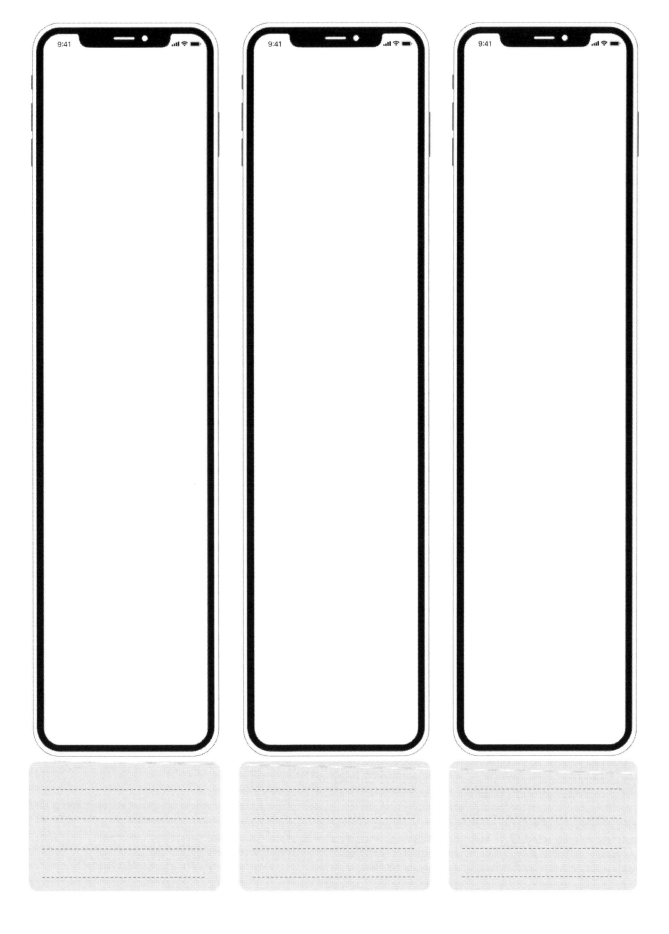

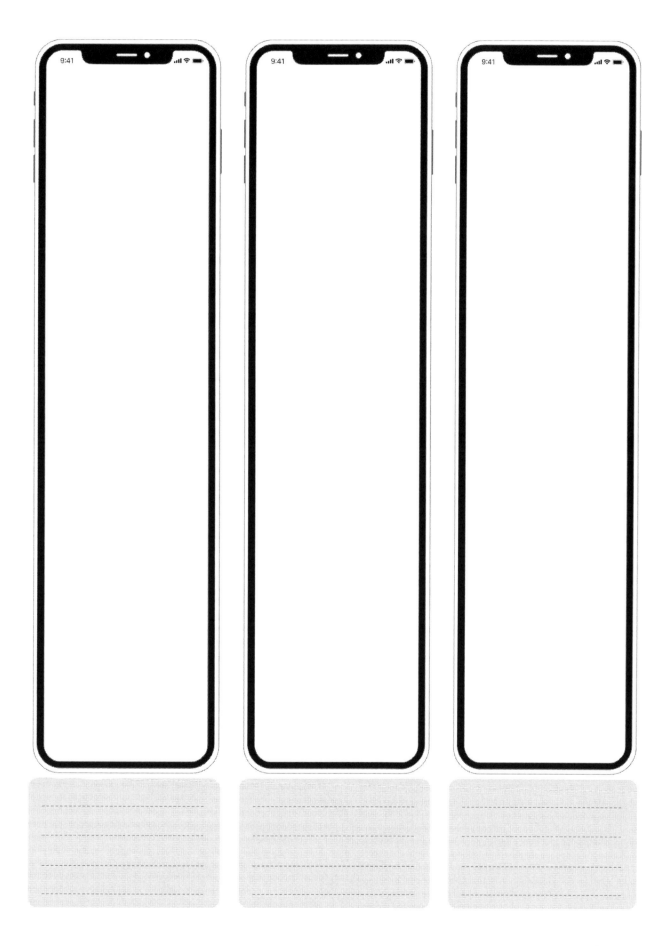

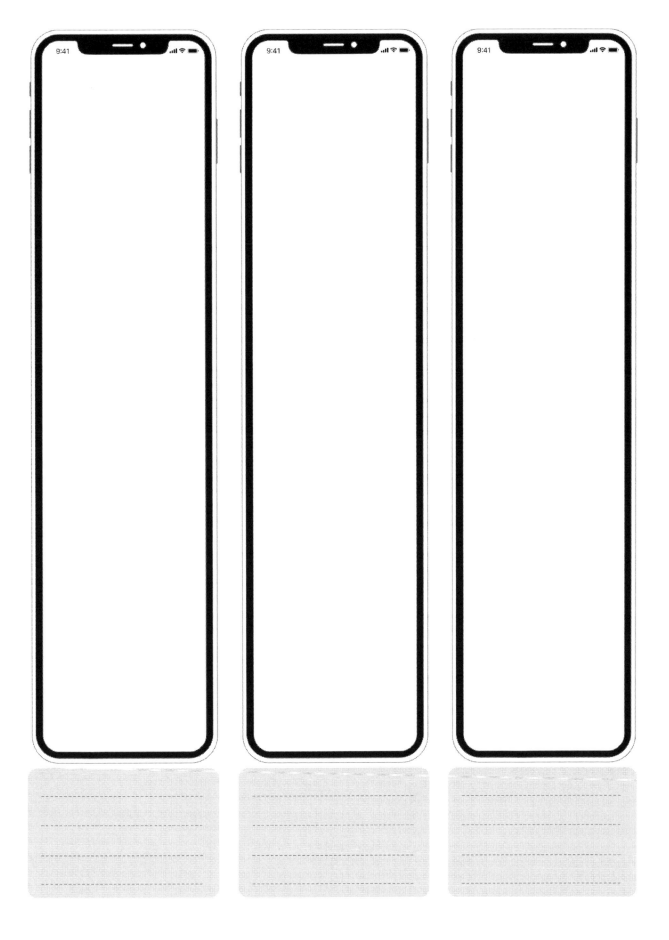

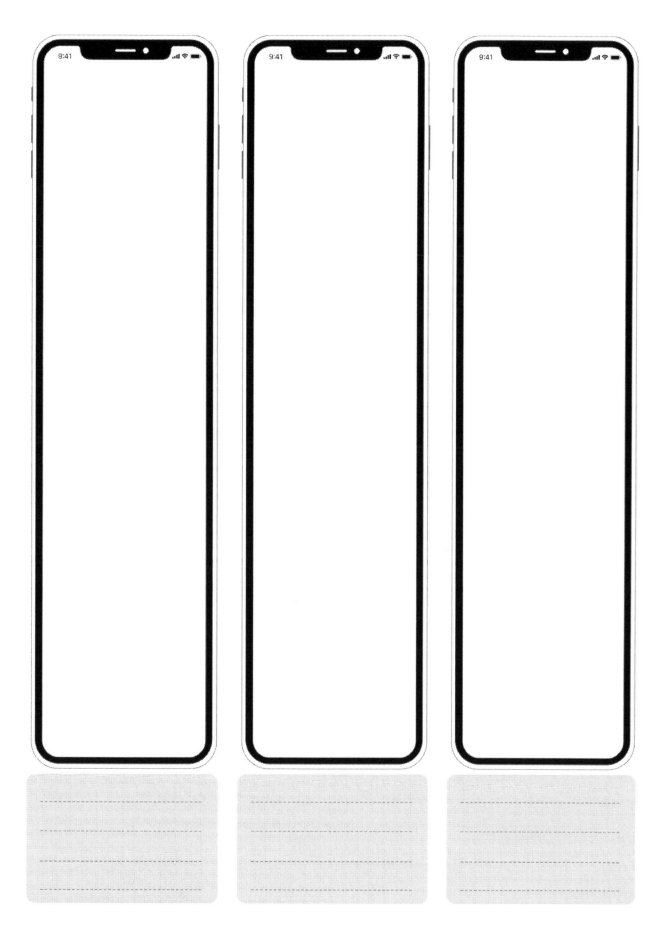

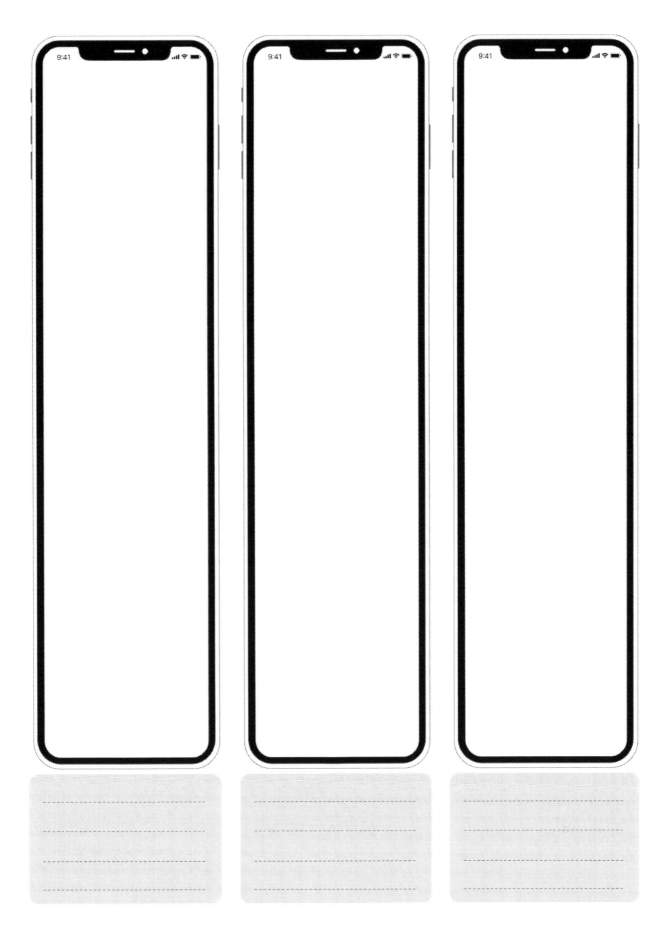

Made in the USA
Middletown, DE
22 November 2019